UN ANÁLISIS PROFUNDO DEL LIBRO DE DANIEL

UN ANÁLISIS PROFUNDO DEL LIBRO DE DANIEL

DR. ALAN B. STRINGFELLOW

A menos que se indique lo contrario, todas las citas de la Escritura han sido tomadas de la *Santa Biblia, Versión Reina-Valera 1960*, RVR, © 1960 por las Sociedades Bíblicas en América Latina; © renovado 1988 por las Sociedades Bíblicas Unidas. Usadas con permiso. Todos los derechos reservados.
Algunas definiciones de palabras hebreas y griegas han sido tomadas de las versiones electrónicas de Strong's Exhaustive Concordance of the Bible (© 1980, 1986, y se asignaron a World Bible Publishers, Inc. Todos los derechos reservados) o New American Standard Exhaustive Concordance of the Bible (NASC), (© 1981 por The Lockman Foundation. Todos los derechos reservados).
Texto en negritas en las citas de la Escritura indican énfasis del autor.

Traducción al español por:
Belmonte Traductores
Manuel de Falla, 2
28300 Aranjuez
Madrid, ESPAÑA
www.belmontetraductores.com

Editado por: Ofelia Pérez

UN ANÁLISIS PROFUNDO DEL LIBRO DE DANIEL
UN ESTUDIO VERSO A VERSO

ISBN: 978-1-64123-537-2
eBook ISBN: 978-1-64123-538-9
Impreso en los Estados Unidos de América.

Whitaker House
1030 Hunt Valley Circle
New Kensington, PA 15068
www.whitakerhouse.com

Por favor, envíe sugerencias sobre este libro a: comentarios@whitakerhouse.com.

2 3 4 5 6 7 8 9 10 11 UU 28 27 26 25 24 23 22

ACERCA DE FOTOCOPIAR ESTE LIBRO

Algunas personas que nunca entrarían en una tienda y hurtarían un libro quizá no se lo piensan dos veces a la hora de fotocopiar el mismo libro. Los resultados son los mismos. Ambos actos son ilegales. Muchas personas piensan erróneamente que hacer copias de un material con derechos de autor es legal si lo hacen para su uso personal y no para venderlo. Hacer copias sin autorización de cualquier material con derechos de autor para cualquier propósito sin permiso de la casa editorial va en contra la ley federal y su resultado puede ser de cárcel y multas de hasta 50.000 dólares.

Primera de Timoteo 5:17-18 nos enseña a dar su salario a los obreros, específicamente a quienes trabajan en la Palabra y la doctrina cristiana. Como casa editorial, tenemos la responsabilidad moral y también legal de procurar que nuestros autores reciban una compensación justa por sus esfuerzos. Muchos de ellos dependen de los ingresos de la venta de estos libros para subsistir. Lo mismo ocurre, en efecto, con los artistas, impresores y muchas otras personas que trabajan para que estos libros estén disponibles para usted.

Por favor, ayúdenos a cumplir las leyes, tanto del hombre como de Dios, desalentando a aquellos que quieran copiar este material en lugar de comprarlo. Como este libro está protegido por las leyes federales de derechos de autor, agradeceríamos que notificara cualquier violación de esas leyes.

ÍNDICE

PREFACIO

PREFACIO

Este estudio está diseñado para usarlo como temario de clase formal o como un recurso para una persona en su casa. Para recibir el máximo conocimiento e inspiración durante el siguiente curso de estudio, ofrezco estas palabras de ánimo tanto al maestro como al estudiante. Están pensadas para ayudarle a convertirse en un discípulo disciplinado de la Palabra de Dios.

Para el estudiante

- Lea la parte asignada de versículos al final de cada lección.
- Tome notas sobre el estudio de cada semana. Repase sus notas de la semana anterior antes de comenzar cada estudio.
- Marque su Biblia con referencias clave de un pasaje a otro.
- Examine las Escrituras y marque versículos en clase. Escriba versículos en este libro donde haya líneas para ello.
- Prométale al Señor al menos dos o tres horas cada semana para leer la porción de escrituras asignada y hacer su tarea. Use la sección de notas al final de cada lección para anotar cualquier

pregunta que surja mientras se prepara para cada lección. También, anote nuevas ideas que se presenten durante su tiempo de clase.

- Ha llegado la hora de que los cristianos que se ocupan de los negocios del Señor se consagren al estudio de su Palabra para dominar los principios bíblicos básicos. Prométase a usted mismo y a Dios que vivirá según este estándar.

Para el maestro

Si está enseñando este estudio en un entorno formal de clase, primero debe prepararse usted mismo espiritualmente leyendo el libro de Daniel en su totalidad. Estos versículos le asegurarán como maestro que el Espíritu Santo le guiará y enseñará mientras estudia su Palabra y la imparte a sus alumnos.

Al enseñar el curso, lea todo el capítulo o la parte del capítulo asignada para la siguiente lección. Tome notas e investigue las citas. También debe estar preparado para responder preguntas, añadir perspectivas o prometer investigar respuestas a cualquier pregunta de clase para la que no tenga respuesta. Además, usted debe…

- Destacar el tema de cada lección.
- No tener miedo de ser demasiado elemental para sus alumnos.
- Mantenerse en los temas principales, no en los secundarios.
- Mantener la lección lo más sencilla posible con todos los grupos de edad.
- No cambiar el bosquejo de la lección. Podría añadir ilustraciones e ideas, pero no cambie los puntos principales del bosquejo.
- Usar su propia personalidad y dejar que el Espíritu Santo le use mientras enseña.
- Esperar que sus alumnos hagan su parte participando plenamente en la discusión y terminando las tareas de forma rigurosa.

Que Dios le bendiga, alumno o maestro, mientras comienza su estudio de *Un análisis profundo del libro de Daniel*. Dejen que el Espíritu Santo les enseñe a ambos.

INTRODUCCIÓN

Lección 1
INTRODUCCIÓN

La educación del creyente no está completa si no conoce la Biblia. Ningún creyente puede vivir una vida plena y eficaz sin un firme entendimiento de la Palabra de Dios.

Propósito

Nuestro propósito en este curso de estudio es proveer una base sólida en las Escrituras sobre el significado del libro de Daniel. No es necesario estudiar estos bosquejos y notas *en lugar de* la Biblia. La Biblia misma se leerá, estudiará y examinará a medida que la persona realice el estudio.

Mētodo

Estudiaremos este libro intentando entender cuál es el pensamiento principal, el maravilloso significado y mensaje de cada capítulo, y esforzándonos por ver su relación con toda la Palabra de Dios. No debemos embelesarnos y fascinarnos con un tema al grado de perder de vista el objetivo: dejar que los significados generales e importantes de la Biblia se apoderen de nosotros. En el estudio de cada semana, donde se incluyen líneas en blanco, por favor busque los versículos y anote el(los) versículo(s) o la idea principal del pasaje.

Entremos en el estudio reverentemente, sabiendo que la Biblia es el soplo del Espíritu Santo, y que Él, el Espíritu Santo, debe ser nuestro Maestro (véase Juan 14:26).

El libro de Daniel como un todo

1. Daniel, el profeta de los "tiempos de los gentiles"

Hemos llegado a los "tiempos de los gentiles". El libro de Daniel, como toda profecía, da un bosquejo de estas naciones y de todas las naciones en relación con la nación de Israel y con la Tierra Santa. Recordemos que la Tierra Santa es "el punto de partida de Dios y el punto final". Por lo que respecta a la geografía de la Biblia, todo está en relación con la Tierra Santa.

- Los tiempos de los gentiles comenzaron cuando Dios transfirió el gobierno terrenal de los reyes de Israel al rey gentil Nabucodonosor.
- Los tiempos de los gentiles continuarán hasta que Israel vuelva a ser otra vez la cabeza de las naciones.

Daniel es distintivamente el profeta de los tiempos de los gentiles. Su visión recorre todo el rumbo del gobierno gentil hasta el establecimiento del reino de Cristo mesiánico, o milenial.

2. Daniel comparado con otros profetas

Daniel no fue un profeta en el mismo sentido que Isaías, Jeremías, y todos los demás que fueron profetas. La misión de ellos era ir al pueblo y proclamar la Palabra del Señor, mientras que la misión de Daniel era registrar lo que le fue revelado por medio de visiones.

- Aunque puede que no haya tenido lo que llamaríamos distintivamente el "oficio de profeta", Daniel sin duda alguna tenía el "don profético".
- El libro de Daniel es el *apocalipsis* del Antiguo Testamento, igual que el libro de Apocalipsis es "la revelación" del Nuevo Testamento, y uno no puede entenderse sin el otro. Vale la pena destacar que igual que Daniel es denominado tres veces el hombre "*muy amado*" (Daniel 9:23; 10:11,19), el apóstol Juan es denominado cinco veces el discípulo amado (véase Juan 13:23; 19:26; 20:2; 21:7, 20). A estos dos hombres se les concedió el privilegio de ver en forma de visión todo el rumbo completo del tiempo desde el año 606 a. C. hasta la segunda venida de Cristo.

3. Las divisiones del libro de Daniel

El libro de Daniel se divide naturalmente en dos grandes divisiones de seis capítulos cada una.

- La primera división podría clasificarse como histórica
- La segunda división es profética

El libro está escrito en dos idiomas.

- El primer capítulo y los tres primeros versículos del segundo capítulo están escritos en hebreo, al igual que lo están los capítulos 8 al 12.
- Desde el versículo 4 del segundo capítulo hasta el final del capítulo 7 el idioma es arameo, el idioma antiguo de Siria. El arameo proviene de los arameos, que vinieron desde Arán en Génesis 10:22. Los griegos llamaban a los arameos "sirios", una abreviatura de *asirios*. En nuestra Biblia, la palabra hebrea para *arameo* se traduce como "sirio". El idioma arameo es similar al caldeo, que era el idioma de la antigua Babilonia.
- El uso de dos idiomas es muy distintivo. Lo que respecta al imperio gentil está escrito en su idioma, el arameo; lo que concierne a los judíos está escrito en hebreo.
- Estos hechos son muy evidentes porque el libro fue escrito por un judío en Babilonia.

4. El libro de Daniel citado y amado por otros autores bíblicos

Daniel tuvo una influencia tremenda sobre la vida y la literatura del pueblo judío. Esta influencia se extendió a lo largo del período interbíblico hasta los tiempos y los escritores del Nuevo Testamento.

- El libro de Daniel era amado, estudiado, conocido y citado por nuestro Señor Jesucristo. Solamente tenemos que mirar las siguientes comparaciones entre las palabras y las ideas de nuestro Señor y el lenguaje y las visiones del libro de Daniel para ver cuánto del libro de Daniel estaba en el pensamiento y las palabras de nuestro Señor.

  a. Mateo 24:15 es igual a Daniel 9:27; 11:31; 12:11.

  b. Mateo 24:21 es igual a Daniel 12:1.

  c. Mateo 24:30 es igual a Daniel 7:13.

  d. Mateo 26:64 es igual a Daniel 7:13.

  e. Juan 5:28–29 es igual a Daniel 12:2.

Todos los pasajes anteriores hacen hincapié en el estudio detallado del libro de Daniel por parte de nuestro Señor Jesucristo.

- El libro de Daniel fue igualmente una parte de los estudios y las búsquedas espirituales de Pablo, Pedro, y el autor de la carta a los Hebreos.

  a. Pablo en 1 Corintios 6:2 se refiere a Daniel 7:22.

  b. Pablo en 2 Tesalonicenses 2:3 describe al "*hombre de pecado*" de los últimos tiempos usando la misma imagen que presenta Daniel del "*cuerno pequeño*" en Daniel 7:8.

  c. Pablo se refiere al libro de Daniel en 2 Timoteo 4:17.

  d. El autor de Hebreos se refiere al profeta Daniel en Hebreos 11:33 y a los tres hombres hebreos en Hebreos 11:34.

  e. Pedro hace una referencia en 1 Pedro 1:10 a Daniel 9:3 y también a Daniel 12:8.

- El volumen del libro de Daniel fue concretamente amado, estudiado y citado por el discípulo amado Juan. Desde el punto de vista celestial, Apocalipsis, el último libro de la Biblia, fue un regalo de Dios para nosotros por medio de Jesucristo. Y sabemos que el mismo Autor de las visiones dadas a Daniel es el mismo Autor de las visiones dadas a Juan.

Los pasajes anteriores reflejan el estudio detallado de este libro del Antiguo Testamento por parte de los autores del Nuevo Testamento.

5. Algunos breves detalles sobre el profeta Daniel

Conocemos más sobre Daniel que sobre ningún otro profeta.

- Era de la tribu de Judá y de sangre noble, aunque no real (véase Daniel 1:6).
- Fue llevado cautivo desde Jerusalén en el año 606 a. C. en la primera invasión de Judá por parte de Nabucodonosor.
- Tenía unos veinte años de edad cuando fue llevado a Babilonia, y en poco tiempo ascendió hasta una posición muy elevada en el imperio, la cual mantuvo durante el reinado de Nabucodonosor.
- Vivió todo el período de los setenta años de cautividad y llegó a ser el príncipe principal sobre los 120 príncipes del reino bajo Darío el Medo cuando tenía unos noventa años de edad.
- Él es el único personaje intachable en la Biblia aparte del Señor Jesucristo.
- Fue un hombre muy amado de Dios.
- Mantenía una vida pública, relacionándose con reyes y políticos.
- Ocupaba un cargo, y sin embargo su carácter nunca fue recusado.
- Era un hombre de una gran fe, y aunque su nombre no se menciona en el gran capítulo de la fe en Hebreos 11, se hace referencia a él en ese capítulo como alguien que "[tapó] *bocas de leones*" (Hebreos 11:33).
- Fue sin duda un hombre de estado profético de su época.
- Jeremías fue contemporáneo de Daniel en la segunda parte de su ministerio. Encontraremos una casi duplicación de parte del libro de Daniel en Jeremías 25.

6. La conquista de Jerusalén

- Jeremías 25:8–11 sitúa la cautividad en el cuarto año del reinado de Joaquín, rey de Judá. Daniel, en este relato, la sitúa en el tercer año. Ambos son correctos porque Nabucodonosor partió en su expedición al final del tercer año del reinado de Joaquín, pero la conquista de Jerusalén no se logró hasta el mes noveno del cuarto año.
- Tras la confusión de lenguas y la dispersión de los descendientes de Noé en Babel, las naciones de la tierra fueron reunidas por el Señor mismo. Era el propósito de Dios hacer de la

descendencia de Abraham, la nación hebrea, la principal nación del mundo, pero su desobediencia y su idolatría evitaron que eso sucediera.

- En el año 721 a. C. las diez tribus fueron llevadas a la cautividad en Asiria. Ciento quince años después, en el año 606 a. C., comenzaron los "setenta años de cautividad" en Babilonia, como fue anunciado por Daniel y Jeremías 25:11, de las otras dos tribus conocidas como Judá, las cuales incluían la ciudad de Jerusalén.
- En 2 Reyes 24 encontramos la historia de los reyes que estaban reinando durante este período de tiempo. Eran Joacím; su hijo Joaquín; y su tío Sedequías.
- Cuando Nabucodonosor se convirtió en rey en el año 606 a. C. comenzaron los tiempos de los gentiles. El reino de Nabucodonosor fue el primer "imperio mundial" que la tierra había visto jamás.

¿Cuánto recuerda?

1. ¿Qué marcó el inicio de los "tiempos de los gentiles"?
2. ¿Cómo difiere la misión de Daniel como profeta de la misión de otros profetas como Isaías y Jeremías?
3. Nombre otras tres figuras o autores en la Biblia que citaron el libro de Daniel.
4. ¿En qué dos idiomas está escrito el libro de Daniel, y cuál es el significado de cada idioma?

Su tarea para la próxima semana

1. Eche una ojeada a los libros de Daniel y Apocalipsis. (Si ha completado mi estudio *Un análisis profundo del libro de Apocalipsis,* bastará con repasar las notas que usted tomó).
2. Repase sus notas de esta introducción.
3. Subraye y marque su Biblia.

Notas de la Lección 1

UNA COMPARACIÓN DE DANIEL CON APOCALIPSIS

Lección 2
UNA COMPARACIÓN DE DANIEL CON APOCALIPSIS

Como mencioné en nuestra primera lección, el libro de Daniel no puede entenderse adecuadamente sin el libro de Apocalipsis, y viceversa. Por lo tanto, antes de adentrarnos en nuestro estudio capítulo por capítulo del libro de Daniel, valdrá la pena emplear un tiempo comparando estos dos libros proféticos y a sus autores.

1. Similitudes entre Daniel y Juan
   - Tanto Daniel como Juan eran muy favorecidos del cielo, muy amados por hombres y por ángeles (de nuevo Daniel 9:23; 10:11, 19; Juan 13:23; 19:26; 20:2; 21:7, 20)
   - Los dos hombres escribieron el apocalipsis de su propia época, uno en el Antiguo Testamento y el otro en el Nuevo Testamento. Daniel ocupa el mismo oficio entre los escritores del Antiguo Testamento que Juan entre los escritores del Nuevo Testamento. Una vez más, el libro del Antiguo Testamento no puede entenderse sin el libro del Nuevo Testamento, y viceversa.
   - Además de los libros de Daniel y Apocalipsis, los capítulos 1 al 6 de Zacarías, y el capítulo 37 de Ezequiel, hay poco material apocalíptico en la Biblia.

a. Los escritos apocalípticos son uno de los desarrollos más únicos y singulares en la literatura de su tipo.

b. Es un vehículo literario mediante el cual el mensaje se comunica con signos, símbolos y visiones.

c. En la Biblia está caracterizado por la presencia de un intérprete divino, y el tema aquí y en todo otro lugar concierne a los últimos tiempos.

d. En su mayor parte, los escritos apocalípticos se produjeron en un tiempo en el que el pueblo de Dios estaba bajo una persecución terrible, y el propósito de la visión era dar aliento, esperanza y promesa.

- Los dos hombres tuvieron sus visiones en el exilio: Daniel estaba en la corte del rey de Babilonia; Juan estaba en el exilio de su gente querida en Éfeso y fue sentenciado a ir a la isla de Patmos. No hay lugar alguno donde Dios no sea un consuelo y esté siempre presente, atendiendo las vidas y destinos de sus siervos escogidos. Dios estaba con Daniel en Babilonia; el Señor Jesucristo estaba igualmente con Juan en Patmos, tal como estuvo con él en su pastorado en Éfeso. A ambos hombres en el exilio, Dios se reveló a sí mismo con una gracia y poder inusuales.

2. Comparando los dos libros: Daniel y Apocalipsis

No podría hacerse un estudio más beneficioso por parte de un estudioso de la Palabra de Dios que el de comparar los doce capítulos del libro de Daniel con los veintidós capítulos del libro de Apocalipsis. Para conocer el bosquejo para el futuro, el estudio de estos dos libros y las visiones que presentan es beneficioso inmediatamente y eternamente.

- Ambos escritos son libros de profecía, y cada detalle tiene un significado más allá de las palabras.

  a. Apocalipsis es una profecía. El libro se describe cinco veces como tal (véase Apocalipsis 1:3; 22:7, 10, 18, 19).

     - Como un ejemplo de significados que van más allá de las palabras, los mensajes de nuestro Señor en el segundo y tercer capítulos del libro de Apocalipsis a las siete iglesias tienen un significado profundo en sí mismos, pero hay un significado en el pasaje que llega más allá de aquellas iglesias en particular en Asia. Estas siete iglesias mencionadas en Apocalipsis son iglesias representativas, y tienen un propósito profético en los discursos de nuestro Señor.

  b. El libro de Daniel es principalmente una profecía, de modo que debemos recordar que más allá de las cosas que leemos están todas las connotaciones espirituales significativas que yacen por encima de los versículos en sí.

- El libro de Daniel está dividido en dos partes: los capítulos 1–6 son historia, queriendo decir que esencialmente todo lo mencionado en estos capítulos ya ha tenido lugar, aunque señale al futuro. Mientras tanto, los capítulos 7–12 son profecía, y señalan a cosas que aún están por llegar.

  1. El capítulo 1 es una historia de la cautividad de los cuatro muchachos hebreos; el capítulo es también una imagen de la dispersión del pueblo de Dios por toda la tierra.
  2. El capítulo 2 contiene la historia del sueño del rey Nabucodonosor; es también un resumen de todo el curso de los tiempos de los gentiles.
  3. El capítulo 3 relata la historia de los tres muchachos hebreos en el horno de fuego; es también una imagen de Israel, el pueblo de Dios, en el horno de la tribulación.
  4. El capítulo 4 es la historia del sueño de Nabucodonosor del árbol gigantesco que fue cortado y brotó de nuevo en la misericordia de Dios; es también una imagen de las naciones gentiles de la tierra que son cortadas en los horribles días de juicio. Este es un capítulo de la conversión de las naciones de la tierra en el milenio, como leemos en Daniel 4:1–3. Estas palabras son las palabras de un rey pagano.
  5. El capítulo 5 relata la historia de la escritura en la pared con el dedo; es también una imagen profética del juicio de Dios sobre las naciones gentiles de la tierra.
  6. El capítulo 6 es la inusual historia de la preservación de Daniel en el foso de los leones; es también una imagen profética de la preservación de Israel, el pueblo de Dios, que está enterrado en el foso de la dominación gentil.

Estos son tan solo algunos ejemplos de lo que quiero decir con el hecho de que tienen un significado principal y también un significado profético. Cubriremos las otras partes de Daniel al comparar el libro con el de Apocalipsis un poco más adelante.

- Tanto el libro de Daniel como el libro de Apocalipsis hablan sobre los eventos de esta era en la cual vivimos y los eventos de los últimos tiempos.
- Gran parte de lo que encontramos sellado en Daniel es revelado y abierto en el libro de Apocalipsis.

  a. Por ejemplo, lea Daniel 12:8–9 y anote aquí el pasaje.

____

____

____

____

____

Ahora, tras haber leído estos versículos en Daniel, vaya al capítulo 5 del libro de Apocalipsis y lea Apocalipsis 5:1–5. Anote aquí el pasaje.

____

____

____

____

____

Lo que estaba oculto para los ojos de Daniel, lo que estaba sellado en su libro de profecía, está abierto para verlo en el libro de Apocalipsis. Este ejemplo explica los distintos énfasis en los dos libros.

b. Daniel relata el rumbo de la historia gentil hasta la consumación de los tiempos. La consumación en sí estaba oculta de sus ojos en gran parte. Los detalles de los últimos tiempos estaban sellados, por lo que respectaba a Daniel.

c. Apocalipsis, por otro lado, es la apertura del sello y la revelación de los últimos tiempos.

    - La primera parte del libro de Apocalipsis sigue la historia de la iglesia hasta el tiempo del rapto.
    - Este período de la historia de la iglesia era absolutamente y completamente desconocido para Daniel, al igual que para todos los demás profetas del Antiguo Testamento. Esta era de gracia y la convocatoria del cuerpo de Cristo eran un misterio.
    - La historia de la iglesia, por lo tanto, que estaba sellada para los ojos del profeta Daniel es revelada a Juan y es dada a conocer en Apocalipsis.
    - En el libro de Daniel se hace una referencia muy breve a los últimos tiempos, como en el noveno capítulo de Daniel, en referencia a la semana setenta del período de la Tribulación. Por otro lado, el apóstol Juan dedica los capítulos 4–19 de Apocalipsis a un bosquejo detallado de la semana setenta llamada la Tribulación. Lo que apenas fue mencionado y bosquejado en Daniel es revelado completamente y con valentía en el libro Apocalipsis.

d. Hay una cosa que presentan ambos libros en un bosquejo de lo más gráfico y descriptivo.

    - Uno de los actores principales en el libro de Daniel es el "hombre de pecado". Es el anticristo final, aquel que se exalta a sí mismo por encima de Dios.
    - Esta figura también se encuentra en Apocalipsis de una forma muy gráfica.

- Tanto Daniel como Apocalipsis describen con un lenguaje bello y maravilloso la gloriosa venida de nuestro Señor Jesucristo.

    a. Daniel habla de ello en Daniel 7:13–14.

    b. Juan lo describe en Apocalipsis 19:11–16.

c. Tanto para Daniel como para Juan, el triunfo final del reino de Dios es seguro y certero. Es la soberanía de Dios que los santos heredarán la tierra, y lograremos esta victoria incomparable por medio de nuestro Señor Jesucristo.

3. Ecos de Daniel en Apocalipsis

Muchas de las ideas y palabras del libro de Daniel se encuentran también en el libro de Apocalipsis. Eso no nos sorprende porque el gran Dios de los cielos revela a ambos autores el vasto programa de la historia. Desde un punto de vista terrenal, puede verse fácilmente que el autor del libro de Apocalipsis conocía y estudió detalladamente el libro de Daniel. Veamos algunas indicaciones de este hecho.

- En la sección histórica de Daniel, que son los capítulos 1–6, hay muchos pasajes que se repiten en el libro de Apocalipsis.

a. Apocalipsis 1:19 y Apocalipsis 4:1 repiten Daniel 2:29, 45.

b. Apocalipsis 2:10 repite Daniel 1:12, 15.

c. Apocalipsis 9:20 repite Daniel 5:23.

d. El período de cuarenta y dos meses en Apocalipsis 11:2, 3; 12:14 repite Daniel 7:25; 12:7, 11.

e. Apocalipsis 13:15 repite Daniel 3:6.

f. Apocalipsis 18:2 repite Daniel 4:30.

g. Apocalipsis 20:11 repite Daniel 2:35.

Es así a lo largo de todo el libro de Apocalipsis. Las palabras, pensamientos y lenguaje de la sección histórica de Daniel pueden verse efectivamente en el libro de Apocalipsis.

- Hay muchas cosas en la sección profética de Daniel, que son los capítulos 7–12, que son explicadas claramente en el libro de Apocalipsis. En esta área es donde Apocalipsis complementa de modo maravilloso la profecía de Daniel.

a. Daniel 7:13–14 presenta una de las visiones más sublimes jamás revelada a los hombres. Pero ¿quién esta persona maravillosa que llega delante del Anciano de días? Apocalipsis 1:7 y los versículos siguientes describen quién es la persona exaltada de manera precisa y exacta. No es otro que el Señor Jesucristo crucificado que viene otra vez con poder y gloria.

b. En Apocalipsis 14:14 se utiliza el lenguaje exacto de Daniel 7:13 para describir a la persona que llega para recoger la cosecha. Es uno semejante al Hijo del Hombre que llega sobre una nube blanca.

c. Hagamos algunas comparaciones más:

  - Apocalipsis 1:14–15 y Apocalipsis 2:18 son igual a Daniel 10:5–6.
  - Apocalipsis 1:17 es igual a Daniel 10:8–12.

- Apocalipsis 10:5–6 es igual a Daniel 12:7.
- Apocalipsis 20:15 es igual a Daniel 12:1.

4. En conclusión

Al concluir nuestra mirada al valor comparativo de Daniel y Apocalipsis, debemos deducir que las profecías de Daniel y de Juan, en su libro de Apocalipsis, son las mismas.

- La historia de las naciones gentiles de la tierra continúa en fragmentos y bajo el dominio del mal hasta que toda la tierra es barrida por la venida del Rey de reyes y el establecimiento del reino celestial por medio de Cristo nuestro Señor.
- Daniel 2:44 y Daniel 7:9–14 revelan claramente que hay un reino venidero del Señor Jesucristo.
- La piedra grande en Daniel 2:34, de la que pronto hablaremos con más detalle, hiere a la imagen en los pies.

¿Cuánto recuerda?

1. Enumere tres similitudes entre el libro de Daniel y el libro de Apocalipsis.
2. Describa las dos clasificaciones generales de los capítulos en Daniel (1–6 and 7–12).
3. El "hombre de pecado" en Daniel es identificado como ¿quién en el libro de Apocalipsis?
4. ¿Qué es revelado claramente por Daniel 2:44 y Daniel 7:9–14?

Su tarea para la próxima semana

1. Lea Daniel 1.
2. Repase sus notas de esta lección.
3. Subraye y marque su Biblia.

Notas de la Lección 2

DANIEL 1

Lección 3
DANIEL 1

Ahora comenzamos con un estudio de Daniel versículo por versículo, comenzando desde el capítulo 1.

1. Los cautivos hebreos (versículos 1–7)
   - Vemos por las Escrituras que los cuatro cautivos hebreos, Daniel incluido, eran de sangre real, eran descendientes de Ezequías (véase Isaías 39:5–7), y fueron hechos eunucos.
   - Fueron entregados al príncipe de los eunucos, quien les cambió los nombres y les supervisó durante un período de tres años (véase versículo 5).
     a. El nombre de Daniel, que significa "Dios es mi juez", le fue cambiado por Belsasar, que significa "a quien Bel favorece".
     b. A Ananías, que significa "amado del Señor", le pusieron Sadrac, que significa "iluminado por el dios sol".
     c. A Misael, que significa "el que es como Dios", le pusieron Mesac, que significa "el que es como Venus".

d. A Azarías, que significa "el Señor es mi ayuda", le pusieron Abednego, que significa "el siervo de Nego".

- El propósito del cambio de nombres fue distanciarlos de su tierra, de su fe y de su religión, y que adoptaran la religión y los hábitos de la nación pagana donde pasarían su futuro.
- Aparentemente hay una impactante similitud entre la experiencia de Daniel en Babilonia y la de José en Egipto (véase Génesis 37–50).

  a. Ambos eran hebreos.

  b. Ambos eran prisioneros en una tierra extranjera y pagana.

  c. Ambos eran soñadores y reveladores de sueños.

  d. El carácter moral de cada uno fue probado severamente. El carácter de José fue probado en la casa de Potifar (véase Génesis 39:1–23), y el carácter de Daniel fue probado en el palacio del rey Nabucodonosor.

  e. Estas pruebas fueron especialmente severas para ambos hombres considerando sus edades en ese tiempo, en torno a unos veinte años.

  f. Ambos se mantuvieron firmes.

  g. Ambos fueron una gran bendición para las casas donde vivían y donde fueron ascendidos a puestos de gran honor. ¿Cuál fue su secreto? Simplemente su lealtad a Dios.

2. La prueba de los muchachos hebreos (versículos 8–17)

   - La prueba de Daniel y sus tres compañeros fue una prueba religiosa. En el versículo 5 vemos que el rey había mandado que fueran alimentados con la comida real y con vino de su propia mesa durante un período de tres años.
   - La mayoría de los jóvenes de unos veinte años de edad se sentirían atraídos a los finos manjares de la mesa del rey. De hecho, se habrían felicitado por haber sido seleccionados para un honor así; también pasarían toda su juventud y mediana edad en medio de comodidades, lujos y placeres. Había muchas excusas que podían haberse puesto unos a otros, tales como que eran cautivos y debían obedecer, o que debían amoldarse a las costumbres del país. Sabían que rechazar la comida los señalaría y expondría a la crítica y el ridículo, pero sentían que no podían ser transigentes.
   - Sabían que la comida que se servía en la mesa del rey a veces significaría comer cosas prohibidas por la ley de su Dios, como la carne de cerdo, carne con sangre o carne que hubiera sido sacrificada a un ídolo. Aquello iba en contra de sus prácticas, costumbres religiosas y fe, como se señala en Levítico 11 y Levítico 17; Pablo tiene mucho que decir sobre esto en 1 Corintios 8:1-13.
   - Había sin duda un solo curso que seguir, y en eso Daniel tenía el apoyo de sus tres compañeros.

- Daniel *"propuso en su corazón"* (versículo 8). Daniel sabía que solo podía contaminarse por sus propias acciones; por lo tanto, propuso en su corazón no contaminarse.
- Versículos 9-10: Dios honra la lealtad de Daniel preparando con anticipación una forma de librarlo, poniéndolo *"en gracia y en buena voluntad"* con el jefe de los eunucos, a pesar de los temores por su propia seguridad.
- Versículos 11-13: Daniel da una respuesta muy respetuosa. No asume un aire santurrón, ni hace una larga muestra de lo que creía según sus perspectivas religiosas. No formula un ataque contra la religión caldea; en cambio, de una forma franca y cortés, hace una petición: *"Te ruego que hagas la prueba con tus siervos por diez días, y nos den legumbres a comer, y agua a beber"* (versículo 12). Si hubiera estado hablando en nuestro lenguaje de hoy, habría pedido una dieta vegetariana. *Legumbres* incluye verduras, fruta, granos y frijoles.
- Versículos 15-16: Prueba de que Dios siempre cumple su palabra y bendice a los que guardan la Palabra de Dios. *"Y al cabo de los diez días pareció el rostro de ellos mejor y más robusto que el de los otros muchachos que comían de la porción de la comida del rey"* (versículo 15). Dios cuidó de ellos, y estaban más gruesos, tenían mejor aspecto y sus rostros parecían más brillantes que los que participaban de la mesa del rey.
- ¿Cuál fue el resultado de la prueba? *"Dios les dio conocimiento e inteligencia en todas las letras y ciencias; y Daniel tuvo entendimiento en toda visión y sueños"* (versículo 17).
- Daniel y sus compañeros recibieron su formación en el palacio del rey. Fueron escogidos de entre otros para aprender el lenguaje y la literatura de los caldeos para poder actuar como hombres sabios para el rey. No había nada de malo en eso. No hay nada en la religión cristiana que prohíba la adquisición de conocimiento o el estudio de las ciencias, aunque es un camino con muchas tentaciones. Pero en el caso de Daniel, no se produjeron malos resultados. Estas son algunas de las implicaciones:
    a. El hecho de que Daniel y sus compañeros pasaran por un curso de instrucción de tres años implica que había una escuela en el palacio o una universidad para instruir y formar a jóvenes de descendencia noble.
    b. Que los estudiantes recibían comida diaria de la mesa del rey implica que la escuela no podía estar ubicada lejos del palacio. El estudio especial de la literatura caldea y su lenguaje también indica la cercanía con el rey. Los caldeos eran un pueblo instruido. Habían hecho grandes avances en gramática, matemáticas, astronomía y ciencias. No olvidemos que Babilonia estaba ubicada en el lugar de Babel, y que el pueblo de Babel heredó toda la habilidad y sabiduría de esos individuos antes del diluvio. Fueron los inventores de instrumentos musicales y hábiles trabajadores del hierro (véase Génesis 4:20–22).

3. La recompensa por la preparación (versículos 18–20)

    - Después de los tres años de preparación, Daniel y los demás aparecieron ante el rey. Escriba aquí debajo Daniel 1:18–20.

    ____

    ____

    ____

    ____

    ____

    - Hay una hermosa lección que podemos aprender aquí. Daniel y sus compañeros no tenían esperanza alguna de regresar a su tierra natal, al menos hasta que pasaran setenta años, y tenían todas las razones del mundo para ceder ante las costumbres de los babilonios. Pero el resultado fue que Daniel fue nombrado jefe de los gobernadores por encima de todos los hombres sabios de Babilonia, como veremos en nuestra siguiente lección. Daniel vivió una vida que estaba separada de los incrédulos.

¿Cuánto recuerda?

1. ¿Cuál fue el propósito detrás del cambio de nombres de Daniel y sus compañeros cuando fueron llevados al palacio de Nabucodonosor y les hicieron eunucos?
2. Escriba tres similitudes entre Daniel y José.
3. ¿Cuál fue el secreto del éxito de Daniel y José?
4. ¿Qué pidió Daniel en lugar de la comida y bebida de la mesa del rey para él y para sus compañeros? Después de diez días, ¿cuál fue el resultado?

Su tarea para la próxima semana

1. Lea Daniel 2.
2. Repase sus notas de esta lección.
3. Subraye y marque su Biblia.

Notas de la Lección 3

DANIEL 2

Lección 4
DANIEL 2

Examinaremos ahora el sueño del rey Nabucodonosor y la interpretación que Daniel hizo del mismo.

1. Un rey angustiado (versículo 1)
   - El sueño de Nabucodonosor ocurrió unos tres años después de que Daniel hubiera sido llevado a la escuela del palacio y hubiera estudiado allí con los caldeos. El padre de Nabucodonosor murió en el año 605 a. C., así que *"en el segundo año del reinado de Nabucodonosor"* (Daniel 2:1) sería el año 603 a. C.; como fueron capturados en el 606 a. C., Daniel sería un recién graduado de la escuela.
   - Así sucedió temprano en el reinado de Nabucodonosor, al ser glorificado en todo su poder, que cayó en un sueño ligero. Las impresiones de sus pensamientos perturbadores seguían en su mente, y se produjo el sueño o la visualización de lo que vio en el sueño. Vio en el sueño lo que después Daniel correctamente describiría como una *"imagen, que era muy grande, y cuya gloria era muy sublime… y su aspecto era terrible"* (Daniel 2:31). En este caso, *"terrible"* indica que el tamaño de la imagen era enorme.
   - Debemos dedicar un momento a distinguir entre sueños y visiones.

a. Los sueños se producen en la etapa de transición entre la consciencia nada más despertar y el sueño profundo. Entre los dos está lo que llamamos el estado de consciencia dormida, durante la cual podemos soñar. Los sueños que tenemos y recordamos se producen cuando nos estamos despertando; si no son muy vívidos, se desvanecerán de nuestra memoria.

b. Las visiones, por el contrario, ocurren durante nuestros momentos de desvelo cuando nuestra mente ni siquiera es consciente de lo que nos está ocurriendo. Las visiones son oculares y se ven cuando los párpados están cerrados. La visión aparece dentro de los párpados y es suficientemente gráfica como para que el ojo la pueda ver; si el párpado no se mueve, la visión permanecerá indefinidamente.

- Los soñadores de forma natural sueñan con cosas que resultan familiares. En el tiempo del reinado de Nabucodonosor, eran comunes las estatuas gigantes. Las encontramos hoy entre las ruinas de Egipto. El rey Nabucodonosor acababa de regresar de Egipto, tras haberlo conquistado. Después de ver esas estatuas gigantes de Egipto, Nabucodonosor probablemente había estado pensando en un método de conmemorar su propio reinado. La única diferencia era que la imagen del sueño de Nabucodonosor era de metal, mientras que las imágenes que vio en Egipto estaban hechas de piedra. La diferencia en estos metales era importante para el rey, y los sueños eran muy importantes para todas las gentes orientales.

2. La búsqueda de una interpretación para el sueño (versículos 2–13)

- Naturalmente, el rey Nabucodonosor quería saber lo que significaba su sueño; al ser el rey y disponer de todos los magos y astrólogos reales a su alrededor, sabía que podía encontrar el significado... al menos, eso pensaba él. Y con ese fin llamó *"el rey a magos, astrólogos, encantadores y caldeos"* (versículo 2). Estas son las distinciones entre estos cuatro grupos:

  a. Los magos practicaban todo tipo de ritos supersticiosos y ceremonias de adivinación.

  b. Los astrólogos pretendían predecir eventos futuros estudiando las estrellas.

  c. Los encantadores pretendían comunicarse con los muertos.

  d. Los caldeos eran los filósofos que hacían de la ciencia y la escritura de la ciencia su campo de especialización.

- Versículos 4–12: Los antiguos adivinadores e intérpretes de sueños obtenían la suficiente información del soñador como para poder pronosticar una respuesta apropiada. Los caldeos piensan que, si el rey les cuenta solo una parte del sueño, serán capaces de interpretarlo; pero cuando el rey ve que no tienen conocimiento de su sueño, el cual *"olvidé"* (versículo 5), pierde toda la confianza en las afirmaciones de ellos y de forma natural y justa carga contra ellos acusándolos de ser impostores.

- Versículos 10–13: Nabucodonosor emite un decreto para matar a todos los sabios por no haber podido contarle su sueño.

   a. Desesperados, los sabios le ruegan al rey para que razone, diciendo que ningún otro hombre en toda la tierra ha pedido nunca algo así.
   b. Dicen que ningún otro ser humano podría cumplir con las demandas del rey; nadie *"salvo los dioses"* (versículo 11) podría darle la respuesta que él buscaba.
   c. Claro está, esto allana el camino para Daniel. El rey se enoja (véase versículo 12) y muestra su violento temperamento al ordenar la muerte de los sabios. En el versículo 13 vemos que el decreto incluye incluso a Daniel y sus compañeros.

3. Daniel pide tiempo, y los resultados (versículos 14–23)
   - Versículos 15–16: Daniel finalmente consigue una audiencia con el rey y le pide que le dé tiempo para contarle cuál fue su sueño.
   - Notemos que Daniel no solo tiene que interpretar el sueño, sino también tiene que contarle al rey qué es lo que soñó, porque al rey se le había olvidado.
   - Notemos también la fe de Daniel. Él no le pide al rey que describa su sueño; simplemente le pide tiempo y, con toda confianza, le promete al rey que no solo reproducirá el sueño sino también la interpretación del mismo. Y se le concede su petición.
   - Versículos 17–18: Daniel y sus compañeros llevan a cabo una reunión de oración que dura toda la noche. Observemos las palabras *"para que pidiesen misericordias del Dios del cielo"* (Daniel 2:18). Si Daniel no era capaz de cumplir su promesa al rey, los cuatro morirían.
   - El secreto le es revelado a Daniel *"en visión de noche"* (versículo 19).
   - Versículos 20–22: Daniel da gracias a Dios por la oración respondida, ofreciendo una oración de agradecimiento que contiene esta alabanza a Dios de siete partes:
     a. La sabiduría y el poder son de Él (véase versículo 20).
     b. Él cambia los tiempos y las edades (véase versículo 21).
     c. Él quita reyes y también los pone (véase versículo 21).
     d. Él da sabiduría a los sabios (véase versículo 21).
     e. Él da ciencia a los que tienen entendimiento (véase versículo 21).
     f. Él revela lo profundo y lo escondido (véase versículo 22).
     g. Conoce lo que está en tinieblas, y la luz mora con Él (véase versículo 22).

4. Daniel comparece de nuevo ante el rey (versículos 24–30)
   - La primera petición de Daniel a Arioc, el capitán del rey es que no mate a los sabios de Babilonia (véase versículo 24). Por lo tanto, los sabios se salvan porque había un hombre de Dios en medio de ellos.

- Arioc decide que tiene que llevarse parte del mérito, así que cuando le habla al rey acerca de Daniel, dice: "*He hallado un varón...*" (versículo 25). Aparentemente, se olvida de que Daniel previamente ha aparecido ante el rey y ha prometido que, con tiempo, daría a conocer el sueño y la interpretación.
- Versículo 26: El rey pregunta a Daniel si puede interpretar el sueño, y Daniel responde diciendo que aunque los sabios, astrólogos, magos y adivinos no han sido capaces de hacerlo, Dios sí puede; en el versículo 28 encontramos estas importantes palabras: "*Pero hay un Dios en los cielos*". Ese Dios en los cielos revela secretos, y así Daniel le cuenta el sueño y las visiones que tuvo el rey en su cama.
- Lo importante sobre los versículos 28-29 es que el pasaje describe los días postreros. Notemos que Daniel se refiere a "*lo que había de ser en lo por venir*" (versículo 29). Daniel no se quiere quedar con ningún mérito, ya que reconoce que el secreto no le fue revelado por tener alguna sabiduría especial propia, sino solo para que el rey conozca el futuro de su reino y también el futuro lejano.

5. Una nota breve sobre algunos símbolos clave en Daniel 2
    - Según nos acercamos a la interpretación del sueño, vemos a los cuatro imperios nombrados y descritos como metales; después, en Daniel 7, los mismos imperios se identifican con distintas bestias.
    - Los primeros tres metales del capítulo 2 (oro, plata y bronce) y las tres primeras bestias del capítulo 7 (un león con alas de águila, un oso y un leopardo) ya han pasado a formar parte de la historia. El Imperio Romano ha de continuar hasta que el tiempo de los gentiles sea destruido por la piedra "*cortada, no con mano*" (Daniel 2:34; véase también el versículo 45). No hay una quinta bestia. Nada sigue a Roma y la cultura romana. Roma no murió, sino que simplemente se derrumbó. Viene un hombre conocido como "el cuerno pequeño" que logrará la gran tarea de unir esa cultura romana y el trasfondo romano y hacer de ello una parte fuerte de la tierra según la conocemos.
    - En el registro de la historia humana, fue el propósito de Dios que Israel fuera su gobernante administrativo en todos los gobiernos del mundo. Sabemos esto por pasajes como Deuteronomio 32:8-9. Dios también se propuso que el Señor Jesús viniera a la tierra como rey y Mesías de esa nación.
        a. Sabemos esto por el Salmo 2, uno de los salmos mesiánicos, el cual habla de la venida del Señor Jesucristo del cielo. En ese salmo, Dios dice: "*Pues yo he puesto mi rey sobre Sion, mi santo monte. Yo publicaré el decreto* [el mandato soberano de Dios]; *Jehová me ha dicho: Mi hijo eres tú; yo te engendré hoy*" (Salmos 2:6–7).

b. ¿Cómo resultó ese propósito de Dios, en lo que respecta a Israel? El pueblo escogido de Dios, Israel, falló rotundamente y fue llevado cautivo, y Dios transfirió el gobierno del mundo de los judíos a las manos de los gentiles.

c. La frase "los tiempos de los gentiles" no se encuentra en el libro de Daniel, pero es una frase que utilizó el Señor en el Nuevo Testamento, en su discurso del monte de los Olivos (véase Lucas 21:24). Los tiempos de los gentiles no comenzaron con la destrucción de Jerusalén en el año 70 d. C., sino cuando Daniel fue llevado cautivo a Babilonia en el 606 a. C., y continuarán hasta que Cristo regrese y establezca su reino milenial, representado por la "piedra cortada del monte" (véase Daniel 2:34–35) en el sueño de Nabucodonosor.

d. No debemos confundir la frase "los tiempos de los gentiles" con la frase *"la plenitud de los gentiles"* usada por el apóstol Pablo en Romanos 11:25. La plenitud de los gentiles no se refiere a los tiempos de los gentiles sino solo a los gentiles que el Espíritu Santo está llamando a salir en esta dispensación porque son miembros del cuerpo de Cristo, la iglesia. Cuando su número se complete o llegue a su "plenitud", Cristo sacará a su iglesia, y la plenitud de los gentiles se habrá completado. No hay ninguna referencia de que alguna de las dos afecte a la otra.

- Aquí en el capítulo 2 tenemos el sueño, o la visión, de Nabucodonosor. No confundamos esto con el capítulo 7, donde tenemos la visión de Daniel. El hecho de que el capítulo 7 coincida con el capítulo 4 muestra que el libro de Daniel solo se lo podía haber dado a Daniel el Espíritu Santo.

6. La interpretación del sueño (versículos 31–45)

- Daniel revela el sueño en los versículos 31–35 y después da la interpretación comenzando en el versículo 37.
- Notemos que Daniel usa las palabras "rey" y "reino" de forma intercambiable. También usa la palabra "imperio" en lugar de reino porque hubo una sucesión de reyes en cada imperio mientras duró, y esos reyes fueron llamados emperadores. El título de emperador en la actualidad es raro porque los imperios del mundo han sido divididos en pequeños reinos.
- *"La cabeza"* (versículo 32) representa al Imperio Babilónico.
- *"oro"* (versículos 32, 35) se menciona después, y Daniel le dice al rey: *"tú eres aquella cabeza de oro"* (versículo 38).

  a. El oro describe al reino de Babilonia.

- Babilonia es conocida en la historia como el lugar del oro.
- El historiador griego Herodoto (484–425 a. C.) visitó Babilonia noventa años después de Nabucodonosor y reportó que nunca antes había vista tal abundancia y proliferación de oro

como la que vio allí. Describió las capillas, el templo, los altares y todo lo demás que tenía que ver con la vida y la adoración de Babilonia como hecho de oro.

- El propósito de Nabucodonosor era construir una ciudad de oro y un trono de oro. Veremos en Daniel 4 que lo hizo de forma triunfante. Pero, aunque fue construido de oro, se convirtió en una escuela en la que los cautivos de Dios recibieron clases; cuando ese propósito santo de Dios se logró, Babilonia se terminó para siempre. Duró solo setenta años, lo suficiente para cumplir los propósitos disciplinarios de Dios para su pueblo.
- El versículo 39 dice: "*Y después de ti se levantará otro reino inferior al tuyo...*". La primera parte de este versículo se refiere al reino de plata de dos brazos de medos y persas. El reino medo-persa desarrolló un vasto sistema de impuestos, en el que todos los impuestos se pagaban con plata. Las palabras semitas para *plata* y *dinero* son las mismas.
    a. Este imperio medo-persa está destacado en la visión del carnero y el macho cabrío en Daniel 8:20–21; también se le menciona en Daniel 5:28, 31.
    b. El imperio medo-persa está representado por los brazos de plata y el pecho de la imagen colosal que vio Daniel.
    c. Así vemos que mientras el imperio babilónico tenía una sola cabeza, el imperio medo-persa era doble al estar representado por los dos brazos de la estatua y los dos cuernos del carnero.
        - El brazo izquierdo de la estatua representa a Media, el más débil.
        - El brazo derecho representa a Persia, el reino más fuerte.
        - El hecho de que el imperio medo-persa esté representado por la plata indica que, así como la plata es inferior al oro, también el imperio medo-persa es inferior al imperio babilónico.
- El versículo 39 continúa: "*...y luego un tercer reino de bronce ...*". Este es el imperio griego, representado por el bronce del vientre y los muslos.
    a. Es fácil darse cuenta de que Grecia es y fue el imperio de bronce.
        - Incluso el historiador judío Josefo (37–100 d. C.) reconoció el bronce como una referencia al imperio griego.
        - Es fácil imaginar la impresión tan asombrosa que debieron causar los griegos sobre el mundo civilizado. Consideremos la diferencia entre sus soldados y los soldados del ejército persa. Si hubiera visto a un soldado medo o persa en los días en los que controlaban el mundo civilizado, llevaría cubriendo su cabeza con algo blando parecido a un turbante, una túnica con mangas, y pantalones bombachos largos. Pero un soldado griego llevaría un casco y una coraza de bronce, y llevaría una espada y un escudo de bronce. Por eso los escritores clásicos de la antigüedad hablaban de los "griegos

cubiertos de bronce". El bronce se convirtió en una señal y en un símbolo de la conquista griega y del imperio griego.

- Este imperio está identificado en Daniel 8:21 como el macho cabrío que destruyó al carnero. Así, Daniel 8:20–21 podría decir algo así: *"En cuanto al carnero que viste, que tenía dos cuernos, éstos son los reyes de Media y de Persia. El macho cabrío es el rey de Grecia, y el cuerno grande que tenía entre sus ojos es el rey primero"* [Alejandro Magno].

b. De nuevo vemos la inferioridad del bronce con respecto a la plata. El imperio griego no fue un solo imperio, sino que se convirtió en un imperio cuádruple compuesto por los reinos de Grecia, Macedonia, Siria y Egipto (véase Daniel 8:21–22).

- Daniel 2:40 dice: *"Y el cuarto reino será fuerte como hierro; y como el hierro desmenuza y rompe todas las cosas, desmenuzará y quebrantará todo"*. Este cuarto imperio es el imperio romano.
- A los muslos de bronce les siguen las *"piernas, de hierro"* (versículo 33). Daniel enfatiza marcadamente la fuerza de ese imperio: Roma. Usa la palabra "hierro" en este corto pasaje unas catorce veces. Josefo dice que este reino tendrá dominio sobre toda la tierra por su naturaleza de hierro, que es más fuerte que el oro, la plata o el bronce. El reino será un reino de hierro.
- Los metales mencionados en esta imagen aumentan en fuerza: la plata es más fuerte que el oro, y el bronce es más fuerte que la plata, pero el hierro es el más fuerte de todos.
- Hay tres cosas que deberíamos notar sobre este imperio romano:

a. Al estar representado por las piernas abarca, en términos de longitud, al menos la mitad de la estatua; por lo tanto, en proporción, el imperio romano iba a durar más que los otros imperios. Por la historia sabemos que esto fue cierto.

b. La estatua está dividida en dos piernas. Esto implicaría que el imperio romano sería dividido en dos partes. También sabemos que esto fue así, porque el imperio romano fue separado en su división oriental, con Constantinopla como su capital, y su división occidental, con Roma como su capital.

c. Los dos pies de la estatua están divididos en cinco dedos cada uno. Estos diez dedos ahora han sido manifestados, y el cumplimiento histórico de la estatua queda completado en la forma de las diez naciones del Mercado Común.

- Esto es interesante en cuanto al hecho de que el primer imperio fue una unidad (uno); el segundo imperio fue un imperio doble (medo-persa); el tercer imperio fue cuádruple (Grecia, Macedonia, Siria y Egipto), y el cuarto imperio, en su estado final, es de diez.
- A continuación llegamos a: *"una **piedra** fue cortada, no con mano"* (versículo 34), descrita aún más en el versículo 35.
- La interpretación de los versículos 34-35 se da en el versículo 44. El clímax del sueño de Nabucodonosor, según lo interpreta Daniel, es la destrucción de la increíble estatua por una "piedra cortada de un monte no con mano", mostrando así su origen sobrenatural.

a. La piedra no llena la tierra en grados, sino que la piedra la desmenuza, y sus restos son soplados.

b. La acción de la piedra es juicio, no gracia. La piedra, por lo tanto, no puede representar al cristianismo porque esta escritura no indica una difusión gradual de un reino espiritual mediante la predicación del evangelio, sino el establecimiento inmediato de un reino visible y externo.

c. Por lo tanto, vemos que el tiempo de la destrucción no fue cuando Cristo vino por primera vez, sino cuando venga por segunda vez, no por su iglesia sino cuando venga a establecer su reino.

d. Una *"piedra fue cortada, no con mano"* no es el cristianismo, sino Cristo. Las Escrituras hablan de Él en todas partes como la piedra.

    - *"Por el nombre del Pastor, la Roca de Israel"* (Génesis 49:24).
    - *"La piedra que desecharon los edificadores ha venido a ser cabeza del ángulo. De parte de Jehová es esto, y es cosa maravillosa a nuestros ojos"* (Salmos 118: 22–23). Este es el pasaje al que el Señor Jesús se refería cuando hablaba de sí mismo en Lucas 20:17–18. Y es el mismo pasaje que Pedro menciona en el capítulo 4 de Hechos (véase Hechos 4:11) y de nuevo en 1 Pedro 2:4, 6–8.
    - *"Por tanto, Jehová el Señor dice así: He aquí que yo he puesto en Sion por fundamento una piedra, piedra probada, angular, preciosa, de cimiento estable"* (Isaías 28:16). Este versículo se refiere a Cristo la roca, como mencionó en Romanos 9:33 y 1 Pedro 2:6. Esta piedra es Cristo. Sobre esta roca, sobre la deidad del Hijo de Dios confesada por Pedro en Mateo 16:18, se edifica la iglesia.
    - En 1 Corintios 10:4 el apóstol Pablo habla de Cristo como una roca y dice que los sedientos *"bebían de la roca espiritual que los seguía, y la roca era Cristo"*.

- La piedra que apareció del monte cortada no con mano es Cristo. ¿Cortada no con mano?

    a. Sí, porque ninguna mano humana modeló su esencia. Nació de una virgen por medio del Espíritu de Dios.

    b. Ni tampoco hubo mano alguna que lo levantó de la muerte. Fue declarado, publicado, presentado y señalado como el Hijo de Dios por el Espíritu de santidad que lo levantó de los muertos (véase Romanos 1:4).

    c. La piedra que desmenuzó la gran estatua y la destruyó es Cristo la roca, el Hijo de Dios. (Podemos encontrar más referencias en Deuteronomio 32:15; 43).

    d. Notemos que la piedra desmorona la estatua, y no al revés.

    e. Cuando Cristo vino la primera vez, ¿golpeó y destruyó al imperio romano? No, más bien lo contrario. Un oficial del imperio romano lo golpeó y fue la causa de su muerte (véase Mateo 21:43–44).

- El monte del que las manos invisibles cortaron la piedra representa a Israel, porque Cristo vino de Israel. Esto está confirmado por las palabras de Jacob al bendecir a sus hijos, donde habla de *"el Pastor, la Roca de Israel"* (Génesis 49:29). Esto solo puede hacer referencia a Cristo.
- El monte en el que crece la piedra y llena toda la tierra es la "piedra", o el reino milenial de Cristo. Los cuatro imperios o reinos simbolizados por esa asombrosa imagen fueron reinos literales.
- Se deduce, entonces, que la "piedra" o reino que va a tener lugar es también un reino literal, porque va a conquistar y controlar toda la tierra. Es por este reino, el reino milenial, por el que Cristo enseñó a sus discípulos a orar: *"Venga tu reino"* (Mateo 6:10; Lucas 11:2).

7. El efecto sobre el rey (versículos 46–49)
   - El rey Nabucodonosor le dice a Daniel: *"Ciertamente el Dios vuestro es* ***Dios de dioses****, y* ***Señor de los reyes****, y el que* ***revela los misterios****"* (Daniel 2:47).
   - También: *"el rey engrandeció a Daniel, y le dio muchos honores y grandes dones, y le hizo gobernador de toda la provincia de Babilonia, y jefe supremo de todos los sabios de Babilonia"* (Daniel 2:48).
   - Lo primero que hizo Daniel fue pedirle al rey que pusiera a Sadrac, Mesac y Abednego sobre algunos de los negocios de la provincia, *"y Daniel estaba en la corte del rey"* (versículo 49), que era el lugar prominente.
   - Este capítulo es uno de los más destacables de la Biblia. Nos da un bosquejo profético de la historia de las naciones gentiles en relación con la nación de Israel, desde el tiempo de Nabucodonosor hasta el establecimiento del reino milenial en la segunda venida de Cristo.
   - Si los hombres de estado de la tierra conocieran este capítulo y prestaran atención a sus enseñanzas, no serían tan ambiciosos por convertirse en gobernadores del mundo y comenzar guerras para ganar terreno y personas. En cambio, verían en el surgimiento de organizaciones impías que estamos cerca del final de los tiempos de los gentiles; la segunda venida del Señor no está lejos.

En la siguiente lección, retomaremos la imagen de oro y una historia con la que probablemente esté familiarizado: el horno de fuego y la misteriosa presencia de Dios.

¿Cuánto recuerda?

1. Describa la diferencia entre sueños y visiones.
2. ¿Cuál fue probablemente la influencia sobre el sueño de Nabucodonosor, algo que había visto con sus propios ojos que apareció con una forma distinta en su mente?
3. ¿Qué es lo primero que hace Daniel cuando Dios le revela el sueño y su significado?
4. ¿Qué cuatro imperios están representados por los cuatros metales en la visión del rey?
5. ¿Quién está simbolizado por "una piedra fue cortada, no con mano"?

Su tarea para la próxima semana

1. Lea Daniel 3.
2. Repase sus notas de la lección.
3. Subraye y marque su Biblia.

Notas de la Lección 4

DANIEL 3

Lección 5
DANIEL 3

Los eventos narrados en este capítulo sucedieron unos veintitrés años después de que Nabucodonosor tuviera el sueño que está narrado en el segundo capítulo de Daniel. El rey tenía el deseo de hacer lo que había visto en Egipto, para perpetuarse mediante alguna estatua colosal.

1. El propósito de levantar la estatua de oro
   - Nabucodonosor era un rey poderoso. Era un luchador tremendamente exitoso porque nunca perdió una batalla. Reinó sobre Babilonia por cuarenta años; por lo tanto, cuando vemos su llamado personal a que el pueblo adore a un dios hecho por el hombre, sabemos que debía haber una gran razón detrás de lo que él había decidido hacer.
   - Algo que debemos decir sobre Nabucodonosor es que era muy generoso y exuberante en casi todo lo que hacía, incluso al hacer una estatua en su propio honor. Gastó una gran cantidad de riqueza para crear esta gran imagen en el campo de Dura.
   - Dos propósitos, a mi parecer, son importantes. Por una parte, él buscó de esta forma crear una religión unificada y universal en este vasto imperio. Ahora bien, eso es algo inteligente. Juntar al pueblo bajo una fe común es la mejor forma de hacerlos uno, a pesar de lo diversificados que pudieran estar al no tenerla. Tener una sola religión une a personas divergentes. Este

era el objetivo que todos los césares buscaron conseguir, tanto con la adoración estatal como más adelante con el cristianismo.

- Esto es lo que Nabucodonosor estaba intentando hacer. Estaba cimentando sus diversas provincias y pueblos conquistados bajo un reino común. Al mundo político le gusta ese tipo de actividad. Siempre ha sido así. Cuando puede exhibir una religión, es fácil para el estado tontear con ella, buscar acuerdos con ella, hacer tratados y usar la fe común del pueblo. El mundo siempre ha estado enamorado de la idea de una fe, y Nabucodonosor no fue ninguna excepción a esta regla. El fluir del genio político organizacional siempre se dirige hacia una forma religiosa. Lo vemos en los movimientos ecuménicos de nuestro tiempo.
- Es un acontecimiento extraño pero adecuado que la imagen que encontramos en el tercer capítulo de Daniel es la imagen que encontramos al final del capítulo 13 de Apocalipsis (véase Apocalipsis 13:15). La imagen se convierte en una señal, un emblema, de una fe mundial y una religión universal.
- La segunda razón por la que Nabucodonosor hizo esta gran estatua fue psicológica. Al hombre le agrada deificarse. En el campo de Dura, a las afueras de la ciudad de Babilonia, erigió esta gigantesca semejanza humana. Eso agrada al ego de ciertos individuos. No hay nada de malo en honrar a un hombre justo, o a un hombre que ha dado honor y distinción a un país, estado o ciudad, o incluso a la obra de Dios, pero nunca debería ser una imagen que alguien adore; debería ser solo un recordatorio.

2. Las especificaciones de la estatua de oro (versículo 1)

   - El número de hombre indica la extraña depravación universal del corazón humano. Dios dice que el número de hombre es seis. En Apocalipsis, el Señor dice: *"Aquí hay sabiduría. El que tiene entendimiento, cuente el número de la bestia, pues es* ***número de hombre****. Y su número es seiscientos sesenta y seis"* (Apocalipsis 13:18).
   - No es algo extraño que cuando Nabucodonosor erige la imagen, mida sesenta codos de alto y seis codos de ancho. Un codo son unos cuarenta y cinco centímetros. El hombre siempre se queda corto, porque el seis es un número incompleto.
   - El siete es el número completo, como vemos en los siete espíritus de Dios en los capítulos 1 y 5 de Apocalipsis. Siete es el número de la plenitud, de la perfección y del término. Pero el hombre nunca llega a esa perfección. Su número es seis, así que Nabucodonosor inconscientemente demuestra esa carencia, esa depravación, ese quedarse corto. Su estatua mide sesenta codos de alto y seis codos de ancho.
   - El rey mismo, al erigir esa monstruosa estatua, demuestra su propia falta de entendimiento espiritual. En el segundo capítulo de Daniel leemos la historia de la revelación de Dios al monarca con respecto a la división del destino de los reinos de la tierra hasta la consumación de los tiempos. Con esa revelación hecha por el Señor mediante su profeta Daniel, el rey exclamó

en ese tiempo: *"Ciertamente el Dios vuestro es Dios de dioses, y Señor de los reyes"* (Daniel 2:47). Con qué facilidad se olvida un hombre incluso de las visiones y revelaciones del Señor Dios.

- Así, la estatua de oro en el campo de Dura era un presagio profético de esa imagen de que el falso profeta mandará a la gente hacer un ídolo de la "bestia", o el anticristo.

  a. Todo aquel que no adore a la bestia será asesinado.

  b. La adoración de la imagen de la bestia será la culminación de la deificación del hombre, y el resultado de tal idolatría será el final de los días del hombre, o los tiempos de los gentiles, y el establecimiento del reino de piedra cortada no con mano.

3. La dedicación de la estatua y la orden de adorar (versículos 2–6)

- Tras haber levantado la gigantesca estatua de oro, Nabucodonosor dio aviso a todos los príncipes, gobernadores, capitanes, jueces, tesoreros, consejeros, sheriffs y todos los demás gobernantes del imperio para que acudieran a la dedicación del santuario. Cuando Nabucodonosor ordena venir, ¡lo mejor es acudir! Así que asistieron miles.

- No está claro por el texto que quienes fueron invitados a la dedicación entendieran que la ceremonia sería de naturaleza religiosa y adoptaría forma de adoración. Sin embargo, la palabra "adoración" se usa tres vecen en los siguientes versículos (véase versículos 4-7). Los asistentes probablemente esperaban que la ceremonia tuviera el carácter general de tales celebraciones, pero Nabucodonosor convirtió este evento en un acto de "adoración" para unificar al pueblo y convertirse en una entidad política. Así, decidió establecer un estado religioso al estilo babilónico para que fuera conocido como la religión de Babilonia. Las religiones de todos los países vecinos eran de este tipo idólatra. Rehusar aceptar este tipo de religión se llamaba "intolerancia religiosa", y la pena era la muerte en el horno de fuego.

- Un *"pregonero anunciaba en voz alta"* (versículo 4). Un pregonero es lo que podríamos llamar un tipo al que se le paga para proclamar. Dice lo que otros le dicen que diga, y así dijo: *"Mándase a vosotros…* [que] *os postréis y adoréis la estatua de oro que el rey Nabucodonosor ha levantado"* (Daniel 2:4-5).

  a. Su decreto va contra toda respuesta humana. No se puede mandar, no se puede obligar a adorar. No se puede hacer eso, igual que no se puede mandar o forzar amar o tener fe. La adoración sale del alma, de los instintos más profundos de la vida. No es una respuesta mecánica. La adoración es algo que se apropia de la gracia y el poder de Jehová Dios.

  b. Todos los hombres son religiosos por naturaleza; a veces son arrastrados por cualquier cosa que remueva sus sentimientos más internos. Sabiendo esto, Nabucodonosor se aprovechó de ello. En el versículo 5 notaremos que todo se hizo para emocionar y avivar las emociones religiosas de esa gran multitud del campo de Dura. Grandes orquestas con sus diversos instrumentos musicales estaban situadas en lugares convenientes. Ahora bien, ese deseo de que toda la gente adorara la estatua de oro era una apelación a lo artístico y lo estético en los hombres y para asombrarlos con la imagen que el líder más grande del mundo, en ese entonces, había levantado. Ese tipo de religión exalta al hombre y sus obras, lo cual las Escrituras declaran que será el carácter de los últimos días de los tiempos de los gentiles, cuando los hombres tendrán apariencia de piedad, pero rechazarán el verdadero poder de Dios (véase 2 Timoteo 3:5).

4. **Las consecuencias para quienes no se postrarán (versículos 6–15)**

- Para asegurarse el éxito de su plan, Nabucodonosor tomó sus precauciones. Estaba decidido a que no hubiera falta alguna de unidad. La adoración debía ser universal. Valía más prevenir que curar, y era lo mejor para evitar cualquier rebelión desde el principio. Había construido cerca de la estatua un gran horno, como un horno ardiente, en el que se había encendido un fuego y en el que amenazó con arrojar a cualquier persona que no se postrara y adorara su estatua de oro. Contaba con el amor a la vida y con el temor de sufrir para impedir cualquier oposición.
- El pregonero anunció que cuando sonara la música, la multitud debía postrarse y adorar la estatua de oro. Cualquiera que no se postrara y adorara la estatua de oro sería echado vivo al horno de fuego (véase Daniel 3:6). La mayoría hizo lo que se le dijo... pero no todos.
- Hay tres hombres, todos oficiales prominentes, que rehúsan doblar sus rodillas. Son judíos, y sus nombres son Sadrac, Mesac y Abednego. Dónde estaba Daniel en ese momento, no lo sabemos. Quizá estaba enfermo o estaba de viaje en algún negocio de estado. Pero esto es lo que sabemos: si hubiera estado allí, él también habría rehusado adorar la estatua.
- Cuando los caldeos ven lo que ha sucedido, acuden delante del rey con sus evasivas historias. Estos tipos son unos hipócritas. No hay una forma mejor de apuñalar a un hombre por la espalda que usando a una persona que no tiene agallas espirituales. Hablan muy bien pero realmente hablan con una daga para entregar tu alma. Estos caldeos acuden ante el rey, y con el tono más delicado y habilidoso dicen las palabras que leemos en los versículos 9-12. Por favor, escríbalas aquí.

____

____

____

____

____

- El resultado de su reporte es exactamente el que esperaban porque Nabucodonosor se enfurece.

- Ahora bien, recordemos que estos tres judíos eran esclavos a quienes el rey había ascendido cuando Daniel interpretó el sueño en el capítulo 2. Nabucodonosor era su señor y su benefactor. Les había dado el gobernar *"sobre los negocios de la provincia de Babilonia"* (versículo 12).

    a. ¿Por qué hicieron enfurecer estos tres al rey? Es extraña la forma tan inconsciente con la que el mundo da tributo a las grandes y profundas convicciones religiosas. ¿Para qué molestarse con un pequeño número? ¿Por qué tres personas de entre un millón o más? ¿Solo tres? No sé por qué, pero de algún modo el mundo no puede descansar hasta que no confronte a cualquiera que tenga una fe profunda. De algún modo el mundo no puede descansar mientras Cristo sea magnificado incluso en la vida de uno. Ese es un tributo inconsciente que el mundo de incredulidad da a la verdadera fe.

    b. Lo mismo sucede con el Señor Jesucristo. ¿Por qué el mundo incrédulo no se limita a desecharlo? Si Cristo Jesús no es nada, si no es quien Él afirma ser, si es tan solo otro hombre más, ¿por qué todo ese énfasis sobre Él en los miles de libros que se escriben acerca de Él? De algún modo el mundo no puede deshacerse de Jesús, y no puede descansar hasta que lidia con el problema.

- Por lo tanto, los caldeos llevan a los tres judíos ante Nabucodonosor, y él les pregunta si todo eso es cierto: "*¿y qué dios será aquel que os libre de mis manos?* (versículo 15).

- Tengamos en mente que Nabucodonosor le había dicho a Daniel en el capítulo 2: "*Ciertamente el Dios vuestro es Dios de dioses, y Señor de los reyes, y el que revela los misterios, pues pudiste revelar este misterio*" (Daniel 2:47).

- Nabucodonosor había tomado Jerusalén por segunda vez, capturando a la mayoría de sus habitantes y quedándose con muchos objetos sagrados del templo, y después había sitiado la ciudad una tercera vez, quemando el templo y dejando la tierra desolada. Con estas cosas sucediendo en veinte años, sería concluyente para Nabucodonosor que sus victorias sobre la capital terrenal de Jehová y la destrucción del templo significaban que el Señor Dios no era la deidad suprema, sino que su dios, al que Nabucodonosor llamó "dios", era el dios del mundo.

5. La aceptación del reto (versículos 16–18)

    - Los hombres de fe nunca tienen miedo ante el peligro. Estos tres hablan con confianza porque saben que su Dios puede librarlos. No aman sus vidas, y están listos para ser fieles hasta la muerte. No retroceden ante nada, y no se entregarán ni transigirán.

6. El horno inofensivo y fe ante las llamas (versículos 19–25)

    - La liberación de los tres hombres hebreos del horno de fuego fue un milagro. El hecho de que los hombres pudieran sobrevivir y permanecer ilesos entre unas llamas tan intensas que hubieran derretido el hierro, que pudieran caminar de un lado a otro y respirar como si estuvieran rodeados solo por un cálido rayo de sol, parece increíble.

- El rey, en su furor, se extralimitó cuando ordenó que calentaran el horno siete veces más de lo normal. Eso solo hubiera acortado la duración de los sufrimientos de sus víctimas y acelerado su destrucción, y mató a los poderosos hombres que los arrojaron en él (véase Daniel 3:22). Pero la mano de Dios estaba en él. El hecho de que el calor del horno fuera aumentado siete veces hizo que el milagro fuera mucho más grande y reveló la mano de Dios al liberarlos.
- Es evidente que alguna inteligencia sobrenatural controló las llamas, porque si bien el fuego consumió las cuerdas que ataban a los tres hombres, las llamas no tocaron su ropa ni chamuscaron ni uno solo de sus cabellos. Cuando salieron del horno, ni siquiera olían a humo (véase Daniel 3:27).
- El rey los introdujo en el horno, y ellos no intentaron escaparse. Fue el rey quien decidió sacarlos. Entonces ellos no tenían deseo de salir del horno, porque estaban en compañía del Hijo de Dios, y preferían estar en el horno con el Hijo de Dios que en el palacio del rey. Fue a estos tres hombres hebreos a quienes se refería el escritor del libro de Hebreos cuando hablaba de esos que *"apagaron fuegos impetuosos"* (Hebreos 11:34). Finalmente, el rey reconoció que el Dios de los judíos era más poderoso que sus propios dioses.
- Dios aquí nos está diciendo algo sobre el futuro. El milagro descrito aquí es un cuadro y una profecía de Israel en los días de la gran tribulación, cuando serán arrojados al horno de un fuego ardiente y serán consumidos. En Isaías 43, el Señor dice que va a reunir a los hijos de Israel del norte y del sur, del este y del oeste, y cuando caminen por el fuego, no se quemarán (véase versículos 5-6, 2). Este milagro es el tipo igual e idéntico de una profecía como cuando Moisés vio la zarza ardiente que no se consumía en el desierto en Éxodo 3:1-2. Es una imagen de Israel, mostrando que no será destruido a lo largo de los siglos. Encontramos otra referencia a esto en Zacarías 13:8-9, la cual le pediré que escriba aquí.

____

____

____

____

____

- Salmos 121:4 promete: *"He aquí, no se adormecerá ni dormirá el que guarda a Israel"*. Israel nunca será finalmente destruido. Jesús dijo que los judíos estarán aquí cuando Él vuelva de nuevo a la tierra.
- Otra cosa que debemos notar es el hecho de que cuando el horno fue calentado siete veces más, los que arrojaron a los tres hebreos al fuego fueron consumidos por el calor. Esta es la imagen de Dios, no solo en cuanto a las palabras sino también en cuanto al evento. El evento en sí es tan profético como las palabras.

a. Los enemigos de Israel serán juzgados terriblemente porque Dios le dijo a Abraham en Génesis 12:3: *"Bendeciré a los que te bendijeren, y a los que te maldijeren maldeciré"*. No necesito ser astuto ni siquiera inteligente para ver el cumplimiento de esa profecía escrita en grande sobre las páginas de la Biblia, en la historia e incluso en la actualidad.

b. Consideremos a Egipto en décadas y siglos recientes. Israel quizá haya sufrido, pero Egipto sufrió más. No recibió los ingresos del Canal de Suez y estuvo mucho tiempo bajo el dedo de hierro de la Rusia comunista.

- Vemos que estos eventos del libro de Daniel son parábolas. Son presagios, revelaciones y profecías.

7. La prueba inevitable mediante el fuego para usted y para mí

- La Biblia revela a los que confiamos en Cristo y somos hijos del Dios Altísimo que vendrán pruebas de fuego a nuestra vida. Si usted es hijo de Dios, será arrojado a algún tipo de horno de fuego, así que prepárese. Si nunca ha estado en el horno de fuego, usted es la excepción y no la regla. Esta es la prueba mediante la cual los hijos de Dios viven en el mundo.

  a. Solo hay que leer Hebreos 11 para ver que todos esos santos de Dios del Antiguo Testamento fueron azotados, encarcelados, apedreados, tentados, ejecutados y les hicieron sufrir y morir de otras maneras, todas ellas formas de su "prueba de fuego".

  b. Jesús dijo: *"En el mundo tendréis aflicción"* (Juan 16:33). Satanás nos aflige. Nos prueba y nos atormenta, como lo hizo con Job.

  c. Satanás tentó a Jesús. Vemos en Lucas 4:13 que Satanás se alejó de Cristo *"por un tiempo"*. Pero él no se detiene, sino que vuelve una y otra vez.

  d. Satanás nos aflige, y el mundo nos atormenta. Pablo escribió: *"Y también todos los que quieren vivir piadosamente en Cristo Jesús padecerán persecución"* (2 Timoteo 3:12).

  e. Dios también permite la aflicción, y Él mismo a veces nos castiga. *"Porque el Señor al que ama, disciplina"* (Hebreos 12:6). Este es un camino que todos conocemos. Si usted es hijo de Dios, prepárese para ello.

- ¿Por qué permite Dios este horno de fuego para aquellos que creemos?

  a. Una razón es para que podamos ser aptos para servirlo a Él. No hay exaltación sin lucha, no hay victoria sin batalla, y no hay testimonio final hasta que hayamos sido probados mediante las llamas del horno.

  b. Otra razón por la que Dios lo permite es porque quiere purificarnos.

  c. En tercer lugar, Dios permite las pruebas porque quiere separar a los creyentes de los que pretenden serlo. Es fácil hablar, pero cuando se trata de separar a los verdaderos creyentes de los que fingen serlo y enfrentar el horno de fuego, entonces es otra historia.

8. Un rey convencido y su decreto (versículos 26–30)

- En los versículos 26–27 y después en los versículos 28–30 vemos que Nabucodonosor finalmente está convencido de que Dios es Dios, y por lo tanto envía un decreto mediante el cual *"todo pueblo, nación o lengua"* que hablase en contra de Dios, *"sea descuartizado, y su casa convertida en muladar"*. Esta es la actitud que Dios exige de todas las naciones gentiles hacia los judíos durante los tiempos de los gentiles.
- Así como Sadrac, Mesac y Abednego no solo fueron librados sino también ascendidos, así todos los que estamos en Cristo Jesús y estaremos con Él recibiremos posiciones de adoración y gloria en ese bendito reino llamado el reino milenial del Señor Jesucristo.

¿Cuánto recuerda?

1. Nombre dos propósitos de Nabucodonosor para levantar la estatua de oro para que su pueblo la adorase.
2. ¿Cuál era el significado de la altura de la estatua?
3. ¿Por qué es imposible forzar la adoración?
4. ¿De qué forma el enojo de Nabucodonosor por la negativa de los tres hombres a adorar la estatua es un reflejo de la actitud del mundo hacia Jesucristo?
5. ¿Cuáles fueron algunas evidencias de la naturaleza milagrosa de la supervivencia de los tres hebreos al horno de fuego?
6. ¿Qué evento futuro estaba presagiando este rescate milagroso?
7. ¿Cuáles son varias de las razones por las que Dios permite que sus hijos sufran "pruebas de fuego"?

Su tarea para la próxima semana

1. Lea Daniel 4.
2. Repase sus notas de la lección.
3. Subraye y marque su Biblia.

Notas de la Lección 5

DANIEL 4

Lección 6
DANIEL 4

Llegamos ahora a la visión que tuvo Nabucodonosor de un árbol.

1. La proclamación del rey (versículos 1–3)
   - Cronológicamente, el testimonio público de Nabucodonosor al principio del capítulo 4 va al final. Esta declaración proviene de las experiencias que se narran en este capítulo. Todo este capítulo 4 de la profecía de Daniel contiene el testimonio de un rey pagano y gentil que cuenta su conversión y cómo llegó al conocimiento del verdadero Dios, Jehová.
   - Este capítulo es un documento de estado babilónico. Es una proclamación al mundo entero.
   - Fue emitido en el año 562 a. C., el año en que Nabucodonosor se recuperó de su locura y un año antes de su muerte.
   - Pretendía ser una confesión de su fe y también una confesión de su pecado de orgullo. En estos tres breves versículos, el rey expresa un testimonio de las señales, maravillas y dominio de Dios. Reconoce que el gobierno de Dios está por encima de él y que el reino de Dios está por encima de él.

- De nuevo, estos tres primeros versículos deberían aparecer al final del capítulo. Imagino que el rey es como la mayoría de nosotros: expresa gozo primero sobre su salvación y después da los cruentos detalles de cómo se produjo todo. Esta es la forma en que se desarrolla en el capítulo 4.

2. El rey angustiado (versículos 4–7)
   - Tras dar este testimonio de apertura, el rey describe la gran visión que tuvo de un árbol enorme.
   - Comienza así: *"Yo Nabucodonosor estaba tranquilo en mi casa, y floreciente en mi palacio"* (versículo 4). Él ya no marcha delante de un gran ejército sometiendo a todo el mundo civilizado. Está descansando. Recuesta su cabeza sobre una almohada, y está rodeado del floreciente palacio y las grandes fortificaciones de Babilonia, incluyendo el poderoso ejército de los caldeos, preparado para defenderlo.
   - Está descansando. En medio de este descanso, el rey dice: *"tuve un sueño que me asustó"* (versículo 5).
     a. Alteremos el lenguaje por un momento; *"tuve un sueño…"*. Era parte de él, pero a la vez estaba de pie como si fuera una persona fuera de él, mirándolo, y le dio miedo.
     b. Nabucodonosor es consciente del hecho de que el sueño tenía algo que ver con él y no con su imperio. Está ansioso, por lo tanto, por tener la interpretación, y para ello manda buscar a los sabios de Babilonia, y aunque no se ha olvidado de su sueño como antes, se lo repite y ellos no saben interpretárselo.
   - Entonces Daniel aparece en la escena.

3. Daniel y la sabiduría de Dios (versículos 8–9)
   - Por qué no llamaron a Daniel desde el principio es algo que no sabemos, pero observamos que el rey se refiere a él como *"Daniel, cuyo nombre es Belsasar"*, y le da el título de *"jefe de los magos"*.
   - El rey le pide a Daniel que interprete la visión para él por el Espíritu que está dentro de Daniel.

4. El sueño de Nabucodonosor (versículos 10–18)
   - En este sueño, Nabucodonosor vio un gran árbol, enorme, un árbol poderoso que se podía ver desde los confines de la tierra. El gran árbol crecía y crecía; era una imagen asombrosa.
   - Algo que se ve muy a menudo en la cultura asiria y babilónica es el "árbol del paraíso". La gente lo tallaba en sus piedras preciosas, ornamentos y grandes edificios. Se veía en todas partes y significaba el poder y la autoridad real del mismo monarca.

- Notemos el versículo 12: *"Su follaje era hermoso y su fruto abundante, y había en él alimento para todos. Debajo de él se ponían a la sombra las bestias del campo, y en sus ramas hacían morada las aves del cielo, y se mantenía de él toda carne"*.
- Entonces, mientras estaba mirando, *"un vigilante y santo descendía del cielo"* (versículo 13).
- En el versículo 17 vemos que hay una corte en el cielo, por así decirlo, compuesta por *"los vigilantes"* y *"los santos"*, y es por decreto de estos que Nabucodonosor fue condenado a vivir como una bestia durante siete años. Estos vigilantes debían ejecutar el decreto de Dios. Esto se debía hacer por una triple razón que encontramos en el versículo 17:
  a. Primero, *"para que conozcan los vivientes que el Altísimo gobierna el reino de los hombres"*. Las naciones se levantan y caen para enseñar a los hombres que Dios gobierna y derroca los reinos de este mundo.
  b. Segundo, *"... y que a quien él quiere lo da..."*. Dios dispone de estos reinos según su propia voluntad. Dios levanta y derriba.
  c. Tercero, *"... y constituye sobre él al más bajo de los hombres"*. Esta parece ser una declaración hecha con una amarga ironía. La historia, sin embargo, sustancia esta declaración. La cabeza de oro, Nabucodonosor, estaba loco. Alejandro Magno era un alcohólico. Julio César y Napoleón Bonaparte sufrían de epilepsia. Hitler estaba muy lejos de ser normal... y no me acercaré más a los líderes de este mundo en la actualidad.
- El propósito de los vigilantes, o de los santos, es algo que quiero aclarar antes de entrar en la interpretación misma del sueño o del sueño en sí.
  a. En los versículos 13–18 vemos lo que se llama la visión del árbol de Nabucodonosor. El rey vio este gran árbol, y después una voz del cielo ordenó que se cortara. Cayó, y siete años después el muñón volvió a florecer y se convirtió en otro árbol.
  b. Esto es solo otro cuadro de lo mismo que tenemos en Daniel 2 en cuanto a la forma en que el poder del mundo gentil aumentará y crecerá hasta que sea cortado. Tenemos algo adicional aquí en Daniel 4, porque vemos que el árbol que fue cortado finalmente será restaurado.
- Lo que angustiaba al rey no era la visión del árbol, sino la personificación del mismo. Observemos en los versículos 14-15 que el árbol fue cortado, pero el muñón quedó, y se le puso una atadura de bronce y de hierro alrededor para protegerlo.
- La atadura de bronce y de hierro era una protección, un guardia, para que el árbol sobreviviera a toda costa, reviviera y volviera a crecer.
- A modo de interpretación, veo algo del significado. El árbol siempre en las Escrituras puede representar a un hombre, como en el Salmo 1:3, Jeremías 17:8 e Isaías 56:3. O un árbol puede representar una nación, como en Ezequiel 31:3-14 y Mateo 24:32-33. El árbol era Nabucodonosor.

- El árbol visto en esta visión representa a Nabucodonosor principalmente y también su reino de Babilonia. El árbol fue cortado durante siete años, lo cual es una imagen de la tribulación, y las naciones de la tierra se quedarán desnudas, como veremos en la interpretación del sueño.

5. La interpretación del sueño (versículos 19–27)

   - Cuando Daniel oye el sueño, se angustia mucho, y por una hora se queda asombrado y no puede hablar (véase Daniel 4:19). Ahora bien, no es que él no supiera el significado del sueño, sino que tenía miedo de contarle al rey las desagradables noticias. Se quedó de pie delante del rey como un esclavo. Mediante el poder del rey, su vida podía acabarse. Estuvo de pie en la presencia del rey, donde había un foso de leones esperando por un lado y por el otro un horno de fuego.
   - Daniel está en la presencia del rey y expone fielmente el mensaje de Dios. Después dice las horribles palabras del versículo 22: *"tú mismo eres, oh rey"*. ¡Qué mensaje!
   - Es un mensaje sobre licantropía (véase versículo 25). Esa palabra quizá sea extraña para algunos. Viene de las palabras griegas *lukos*, que significa "lobo", y *anthropos*, que significa "hombre". Licantropía, por lo tanto, significa un hombre que piensa que es un lobo. Lo vemos en nuestro propio tiempo en todo tipo de películas e historias de niños. O bien por una maldición o por elección, un hombre se convierte en un lobo y come carne humana y bebe sangre humana. Tal hombre era un hombre lobo.
     a. En nuestra cultura, tenemos la tradicional fábula de "La bella y la bestia".
     b. Vemos películas sobre una aterradora bestia sosteniendo una hermosa muchacha en sus brazos. Todo este delirio viene de la enfermedad llamada licantropía.
   - De nuevo, el rey Nabucodonosor se iba a convertir en una bestia. Perdería la cordura durante siete años. *"El árbol que viste… tú mismo eres, oh rey"* (Daniel 4:20, 22).
   - Después, en el versículo 25: *"te echarán de entre los hombres, y con las bestias del campo será tu morada…"*. Por la interpretación, el rey no podía entender mal el sueño.
   - Entonces Daniel, el fiel profeta, aprovechó la oportunidad y le aconsejó al rey dejar sus caminos pecaminosos, diciendo: *"tus pecados redime con justicia, y tus iniquidades haciendo misericordias para con los oprimidos, pues tal vez será eso una prolongación de tu tranquilidad"* (versículo 27). Este es el aviso final de Dios a Nabucodonosor.

6. El sueño cumplido (versículos 28–33)

   - El rey no toma el consejo de Daniel y más adelante tiene que hacer la humillante confesión de que todo lo que había sido presagiado sobre él se había producido. Pero no pasó todo de forma inmediata. *Dios le dio un año de gracia.*

- Dios nunca ejecuta una sentencia velozmente. Él avisa, enuncia, ruega y suplica. Siempre está el período de prueba. Para Nabucodonosor, fue un período de doce meses.
- ¿Por qué este juicio asombroso sobre Nabucodonosor? Siete años sin cordura y viviendo como una bestia, ¿por qué?

  a. Primero, Nabucodonosor era un hombre personalmente cruel y violento. No tenía autocontrol.

     - Por ejemplo, en el segundo capítulo del libro de Daniel, el rey se está preparando para asesinar a toda una clase de hombres porque no pudieron decirle un sueño que él había olvidado.
     - En el tercer capítulo lo vemos calentando un horno siete veces más de lo habitual para asar a los hombres hebreos que rehusaron postrarse ante su estatua de oro.
     - En Jeremías 29:22 Jeremías nombra a dos judíos a quienes Nabucodonosor quemó en el fuego.
     - En 2 Reyes 25:7 Nabucodonosor le sacó los ojos a Sedequías después de haber matado a los hijos de este hombre *"en presencia suya"*. Lo último que vio Sedequías fue el asesinato de sus hijos.
     - En 2 Reyes 24 Nabucodonosor toma a Joaquín, que tiene solo dieciocho años, y lo encarcela durante treinta y seis años.

  b. Segundo, políticamente, Nabucodonosor produjo en el mundo una miseria indescriptible. Desarraigó a pueblos y los deportó de su tierra. Su camino de victoria siempre estuvo marcado por los cadáveres de mujeres, niños, los ancianos y aquellos que no eran capaces de seguir el ritmo del ejército.

  c. Tercero, también era arrogante y orgulloso. En el tercer capítulo del libro de Daniel, Nabucodonosor se sitúa a sí mismo por encima de sus propios dioses al hacer la enorme estatua de oro. Era arrogante y orgulloso porque era el mayor general que haya marchado jamás al frente de un ejército conquistador. Habacuc describe en predicción profética la llegada del ejército de Nabucodonosor:

     > *Porque he aquí, yo levanto a los caldeos, nación cruel y presurosa, que camina por la anchura de la tierra... Formidable es y terrible... Sus caballos serán más ligeros que leopardos, y más feroces que lobos nocturnos...Toda ella vendrá a la presa; el terror va delante de ella, y recogerá cautivos como arena.* (Habacuc 1:6–9)

- Pero el día del juicio cayó sobre el rey al final de doce meses. El Señor le rogó con fervor a través de Daniel. Tras doce meses, Nabucodonosor se había olvidado de ello, pero no Dios. Y, por lo tanto, cae el juicio.

- Nabucodonosor es orgulloso, y está caminando en su palacio de oro (véase versículo 29). Después mira al horizonte de Babilonia y se alza en esplendor. Dice: *"¿No es ésta la gran Babilonia que yo edifiqué para casa real con la fuerza de mi poder, y para gloria de mi majestad?"* (versículo 30). Aquí vemos su orgullo.
- Justo cuando dice estas palabras, como un golpe de trueno o un terremoto, la mente del rey de repente se quiebra y pierde la cordura. En un momento está de pie con aires de grandeza y arrogancia, y al instante se pierde su mirada. Tiene el aspecto de una bestia y se vuelve como un buey.
- Se esconde en el espesor del bosque junto al río Éufrates. El rey, quien como general de su ejército había conquistado toda la tierra, ahora se esconde de miedo y desesperación en el campo, en el bosque y en el desierto. Este hombre que se sentaba a la mesa probando todas las exquisiteces de la tierra ahora come hierba como un buey. Se ha vuelto monomaniaco. Tiene todas sus facultades y emociones, pero tiene la mente y el corazón de una bestia. El horror y la agonía de esa situación dura siete largos años. El término *"siete tiempos"* (versículo 16) significa siete años.

6. Del juicio a la misericordia (versículos 34–37)

- Al final de los siete años, Nabucodonosor alza sus ojos al cielo. Una bestia no hace eso. Una bestia siempre mira hacia abajo. Lo que Nabucodonosor dio a entender fue que estaba mirando hacia arriba en oración a Dios y reconociendo su supremacía. Al hacer eso recuperó su cordura, y fue apto para regresar a sus obligaciones nuevamente.
- Notemos en los versículos 36-37 que la restauración de Nabucodonosor de sus derechos reales fue un cumplimiento de la promesa que decía que su locura duraría solo siete años y que su reino *"te quedará firme"* (versículo 26), o que le sería restaurado.
- El hecho de que el rey fuera recibido otra vez misericordiosamente por sus consejeros y señores es una indicación de que vieron su locura solo como algo temporal; y sin embargo, si eso fuera cierto, parece extraño que no lo confinaran en el palacio en lugar de llevarlo al campo.
- Esto es lo último que leemos en las Escrituras sobre Nabucodonosor porque vivió solamente un año más después de su restauración al trono. Pero fue un año durante el cual se le concedieron grandes honores.
- Francamente pienso que durante los siete años que el rey vivió como un animal, el reino de Nabucodonosor fue guiado por el profeta Daniel. Solo Daniel sabía que, tras siete años, si Nabucodonosor se humillaba, Dios le devolvería su trono y su libertad. Cuando el rey fue liberado de su corazón de bestia, su antigua arrogancia desapareció, el viejo orgullo desapareció y alabó a Dios. Notemos su testimonio:

Ahora yo Nabucodonosor alabo, engrandezco y glorifico al Rey del cielo, porque todas sus obras son verdaderas, y sus caminos justos; y él puede humillar a los que andan con soberbia (versículo 37).

7. En conclusión: Algunas implicaciones

- ¿Qué significa todo esto para nosotros? Babilonia representa los reinos de este mundo, los reinos de los hombres sin el Señor Jesucristo, el Rey de reyes. Como tal, Nabucodonosor representa el transcurso de la historia de las naciones hasta el final de los tiempos, después de que el día del hombre ha recorrido su curso. Después Dios va a venir y aplastará a las potencias mundiales y establecerá a su propio rey, el Señor Jesucristo, sobre el trono, y Él reinará eternamente.
- Lo que debemos recordar es que Nabucodonosor fue golpeado por la locura por un período de exactamente siete años, lo cual creemos que es una profecía de siete años de tribulación entre el rapto de la iglesia y la segunda venida del Señor Jesucristo. Este período de siete años se llama la gran tribulación, el tiempo de la angustia de Jacob, el día de la indignación. Este período estará caracterizado por las naciones que buscarán establecer un reino en oposición al Señor Jesús bajo el liderazgo del hombre de pecado, el anticristo, el cual intentará derrocar a Cristo y establecer su reino de terror.
- Cuando Cristo saque la iglesia de esta tierra y comiencen los siete años de tribulación, dará inicio un período de persecución, sufrimiento, muerte, hambre, terremotos, y todo tipo de juicios que pondrán en peligro a toda la raza humana; pero por causa de los elegidos, Israel, ese tiempo será acortado.
- Al final de los siete años de esta tribulación, el Señor vendrá. Hay un pequeño detalle que se nos da en este capítulo 4 que a menudo se pasa por alto. El muñón del árbol y sus raíces se quedaron en la tierra, y al final de los siete años el muñón había vuelto a brotar, representando en primer lugar el hecho de que Nabucodonosor sería restaurado cuando reconociera al Señor Dios y se convirtiera. Y esto sucedió.
- Escriba ahora y lea Isaías 11:10-11:

  ____

  ____

  ____

  ____

  ____

- Proféticamente hablando, el muñón significa que después de los siete años de la locura de las naciones en la tribulación, las naciones gentiles también se convertirán; y aunque Israel será restaurada en la tierra, estas naciones gentiles ocuparán los países del mundo y reconocerán al Señor Jesucristo como Salvador, y toda rodilla se doblará ante Él, y toda lengua confesará que Él es Señor (véase Romanos 14:11; Filipenses 2:11; véase también Hechos 15:14–17).

- El hecho de que el rey no se convirtiera hasta después de los siete años de locura, y el hecho también de que el muñón del árbol no volviera a brotar hasta después de haber sido cortado durante un período de tiempo, son tan importantes que debemos insistir en un detallado estudio de esta importante verdad. Notemos que los siete años de locura son equiparables a los siete años de tribulación. La aceptación del rey del Señor Dios trae paz, y esto es equiparable a la venida literal del Señor Jesucristo para el reino milenial sobre la tierra.
- Si este rey vano puede confesar y alabar a Dios, ¿deberíamos avergonzarnos nosotros de lo que el Señor Jesucristo ha hecho por nosotros? ¿Debería este rey pagano hablar, testificar y dar testimonio más que nosotros que hemos sido salvos por la cruz del sacrificio y por la gracia del Hijo de Dios? ¿No hay palabras de testimonio mediante las que yo pueda darle gracias a Cristo por la gracia y la misericordia que me ha mostrado?

¿Cuânto recuerda?

1. ¿Cuál era la intención del rey Nabucodonosor al emitir el documento de estado que es el capítulo 4 de Daniel?
2. La visión del árbol angustió a Nabucodonosor. ¿A qué o a quién representaba el árbol?
3. ¿Cuál fue la advertencia final de Dios a Nabucodonosor antes de que la profecía de su locura se hiciera una realidad?
4. ¿Qué acción por parte de Nabucodonosor cataliza su regreso a sus facultades normales tras siete años siendo una "bestia"?

Su tarea para la prôxima semana

1. Lea Daniel 5.
2. Repase sus notas de esta lección.
3. Subraye y marque su Biblia.

Notas de la Lección 6

DANIEL 5

Lección 7
DANIEL 5

Antes de entrar en el tema de la caída de Babilonia, debemos mirar también el surgimiento de Babilonia y su historia, para que cuando lleguemos al final de este capítulo podamos entender lo que significa la palabra Babilonia para nosotros hoy, lo que significó en el pasado y lo que significará en el futuro.

1. La ciudad de Babilonia
   - Babilonia era la capital de Babilonia, conocida de otra manera como Caldea.
   - En Génesis 10:9–10 se nos dice que Nimrod, el poderoso cazador, fundó una ciudad y la llamó Babel.
   - La forma griega de la palabra Babel significa "puerta de Dios".
   - Nimrod edificó la ciudad en la planicie de Sinar, la cual los asirios llamaban Caldea, pero los griegos la llamaban Babilonia.
   - En Génesis 11 hay otra variación dada al nombre de la ciudad de Babilonia. La palabra Babel realmente significa "confusión", y eso es lo que Dios creó ahí en ese capítulo.

a. Vemos que el pueblo que habitaba en la planicie de Sinar quiso construir una torre cuyo pináculo llegara al cielo. Esperaban construir una torre para poder ojear los cielos.

b. Esa torre era lo que hoy llamaríamos un "zigurat", algo que se puede ver por toda Tierra Santa.

c. Desde esta torre, los sacerdotes caldeos observaban las constelaciones y las estrellas y rastreaban, según las evaluaciones de sus horóscopos, los destinos de todos los hombres y naciones. Mediante estas prácticas intentaban controlar a toda la humanidad.

d. Por su desobediencia, el Señor Dios descendió y los dispersó, y lo hizo confundiendo sus lenguajes. Así, en la Biblia, cada vez que se menciona el nombre en el texto hebreo es "Babel", una palabra que los hebreos decían que significaba "confusión". El término llegó a referirse a una ciudad que se oponía a Dios en sus sistemas de religión, cultura y comercio.

- Durante varios siglos, la historia de Babilonia fue eclipsada por la de Nínive. La historia desde el año 1270 a. C. hasta cerca del 625 a. C. está muy mezclada y es foránea, pero uno puede encontrarla en las Escrituras si estudia 2 Reyes. No estamos interesados en conocer todos los detalles, sino meramente en cómo Babilonia se convirtió en lo que finalmente llegó a ser. El imperio babilónico finalmente fue ganado por Nabopolasar, el padre de Nabucodonosor, alrededor del año 625 a. C. Le sucedió su famoso hijo, el mayor rey de la antigüedad. Nabucodonosor reconstruyó la hermosa ciudad de Babilonia hasta que se convirtió en la ciudad más magnífica que el mundo jamás había conocido.

- La ciudad de Babilonia, como la estamos estudiando ahora, y como volveremos a ver en el capítulo 5, fue construida en un cuadrado exacto de veinticuatro kilómetros por cada lado, o noventa y seis kilómetros alrededor.

a. Estaba rodeada por una muralla de ladrillo de veintiséis metros de grosor y ciento seis metros de alto.

b. Sobre los muros había 250 torres, y la parte superior de la muralla era suficientemente ancha como para que pudieran pasar seis carros uno al lado del otro.

c. Fuera de este muro había una gran zanja o foso que rodeaba la ciudad, la cual se mantenía llena de agua del río Éufrates, y este foso tenía puentes delante de las puertas.

d. Dentro de la muralla se podían encontrar 25 magníficas avenidas, cada una de ellas de 45 metros de anchura, recorriendo la ciudad de norte a sur. Otras 25 de la misma anchura recorrían la ciudad de este a oeste.

e. Todo en Babilonia era simétrico. En el centro de la ciudad había una avenida que cruzaba el río Éufrates con un gran puente, el cual atravesaba la ciudad diagonalmente.

f. Alrededor de la muralla de la gran ciudad había 100 puertas, cada una de ellas compuesta por dos grandes hojas de bronce labrado a mano.

g. Los palacios que Nabucodonosor construyó eran colosales. Las ruinas de solo uno de estos palacios cubrían más de once acres.

h. Nabucodonosor había llevado al interior de estos palacios los tesoros del mundo. El gran salón de banquetes tenía las paredes enyesadas más hermosas. En una de esas paredes enyesadas, la mano celestial escribió acerca de la caída de Babilonia, lo cual descubriremos en el capítulo 5 de Daniel.

- Nabopolasar casó a su heredero, Nabucodonosor, con una mujer llamada Amitis, una princesa de Media. Ella era una mujer de las montañas a la que probablemente las planicies de Babilonia se le hacían aburridas, ya que el rey construyó una montaña especialmente para ella. En terrazas y cubiertos de árboles, arbustos y flores, los famosos jardines colgantes de Babilonia se podían ver desde lejos, y se convertirían en una de las siete maravillas del mundo antiguo. Estos jardines medían 37 metros cuadrados y fueron diseñados en terrazas uno sobre otro con una altura de 106 metros.

2. Las fiestas de Belsasar (versículos 1–4)

- Este evento era una imagen de lo que se podía haber llamado los "días de decadencia". Esta es la primera escena en un capítulo de la historia humana que discurre como un torrente salvaje.
- El rey y su corte organizaron una orgía. Los primeros cuatro versículos de este capítulo están llenos de difamación, profanación, blasfemia, juicio y la asombrosa intervención de Dios.
- A su muerte en el año 561 a. C., a Nabucodonosor le sucedió su hijo, Evilmerodac, quien después de un reinado de solo dos años, murió a mano de unos conspiradores decapitado por su cuñado Neriglisar, quien ascendió al trono y reinó unos cuatro años y después fue asesinado. Su joven hijo fue declarado rey, pero fue asesinado a golpes poco menos de un año después, cuando Nabonido, otro yerno de Nabucodonosor, se apoderó del trono. Nabonido fue uno de los reyes más cultivado que vivió jamás. No era un soldado, sino más bien un noble en todos sus intereses.
- Mientras Nabonido estaba fuera de la fortaleza de la ciudad luchando por su vida, Belsasar, su hijo corrupto, organizó esta orgía. Mientras estaban allí reunidos, él estaba en medio de ellos, detrás de sus invencibles murallas de protección.
- La fiesta de Belsasar no era una fiesta común. No hay ninguna otra que se le parezca en todos los registros de la historia. La única fiesta que se le aproxima un poco es una que organizó el rey de Persia, la cual está narrada en el primer capítulo de Ester.
- La fiesta de Belsasar fue el punto de inflexión en la historia de Babilonia. Marcó la transición de la "cabeza de oro" a los "brazos y el pecho de plata" que estudiamos en el capítulo 1. Tuvo lugar unos veintitrés años después de la muerte de Nabucodonosor.
- La fiesta de Belsasar se dio en un espíritu de menosprecio y desafío. La ciudad de Babilonia estaba en un estado que era difícil de creer; los ejércitos de los medos y los persas estaban

acampados fuera de las murallas. Pero Belsasar se sentía seguro, porque los puentes habían sido levantados y las puertas protegidas con rejas, y él sabía que las murallas de la ciudad eran impenetrables. Confiaba en que nada podía destruir a la ciudad de Babilonia.

- El tono de la fiesta se puede ver en la conducta de los invitados.
  a. Notamos en el versículo 1 que el rey bebió vino delante de los miles.
  b. Después, leemos en el versículo 4 que todos ellos bebieron vino y alabaron a los dioses de oro, plata, bronce, hierro, madera y piedra.
- Belsasar estaba en una juerga de borrachera. El vino desaparecía como los ríos en un bosque.
- Mientras bebía y alababa a los dioses de oro, plata, y demás, tuvo una gran inspiración. Cierto es que alguien bebido siempre tendrá inspiraciones. Así le ocurrió a Belsasar mientras el vino hervía en sus venas y nublaba su mente. Su abuelo, Nabucodonosor, había asolado el templo santo de Jerusalén y se había llevado el hermoso mobiliario y los utensilios de oro y plata (véase 2 Reyes 24:11-14). Bebido e inspirado por el diablo, el ebrio Belsasar dijo: "Vayan a buscar los utensilios sagrados porque este vino se merece los vasos más hermosos que haya" (véase Daniel 5:2–3.) En otras palabras, estaba diciendo: "Mi abuelo asoló el templo y se llevó los vasos; yo iré incluso más allá y los contaminaré y profanaré. Me emborracharé con ellos".
- Estos vasos habían permanecido santos y sagrados en Babilonia durante setenta años. Eran trofeos de guerra que estaban guardados en un santuario sagrado.
- Los invitados de la fiesta bebían vino y alababan a los dioses. ¿Qué dioses? El pasaje contiene una larga y nefasta lista: "*dioses de oro y de plata, de bronce, de hierro, de madera y de piedra*" (Daniel 5:4). Describir lo que ocurrió sería impensablemente corrupto y vil. Grabado en artefactos de esta era de la historia hay imágenes pornográficas y símbolos de una repugnante inmoralidad.

3. La escritura en la pared (versículos 5–9)

- Con este trasfondo de una orgía y una fiesta dada por Belsasar, ahí aparecen, frente a la vela que brillaba cerca de la pared enyesada, los dedos de la mano de un hombre escribiendo palabras en la misma piedra (véase versículo 5). En su visión ebria, los ojos de Belsasar se quedaron fijos en la pared y aterrados, incluso al punto en el que "*se debilitaron sus lomos, y sus rodillas daban la una contra la otra*" (versículo 6).
- ¿Se imagina usted a toda la gente en ese inmenso salón de banquetes mirando a la escritura en la pared y después volviendo a mirar a su gran rey en busca de una interpretación y valentía? En lugar de ello, encontraron a un monarca de gran fuerza, o al menos eso pensaban ellos, en una condición de total debilidad, cobardía, y paralizado de miedo.
- El rey llama a voces a sus astrólogos, caldeos y adivinos, y les pide a los sabios que interpreten la escritura (véase versículo 7).

- Pero nuevamente los sabios de Babilonia fallaron en su oficio como fallaron en los días de Nabucodonosor. No pueden interpretar la escritura. Quizá no estaban familiarizados con el lenguaje en el que se escribió; no se nos dice. Sin embargo, la verdadera razón por la que no pudieron interpretar la escritura fue que era un mensaje de Dios, y para interpretar las palabras de Dios es necesario un hombre de Dios. El fallo de los sabios a la hora de interpretar la escritura molesta en gran manera al rey, y *"palideció"* (versículo 9), lo cual asombró a todos los presentes en el banquete.

4. La mujer con algo de sentido (versículos 10–12)
   - Aquí leemos que una reina entra en el salón de banquetes. No es la esposa de Belsasar, porque una esposa no es nada en un mundo polígamo, pero la reina madre tenía un lugar de dignidad e influencia.
   - Esta reina madre era la hija de Nabucodonosor, y su nombre era Nitocris.
   - Con su mente serena, recuerda cuando un gran profeta de Dios guio a su padre durante su período de locura y lo llevó al conocimiento del Dios Altísimo. Así que se presenta ante su despreciable hijo y le recuerda que hay un profeta noble de Judá que podía interpretar el mensaje de Dios, y que su nombre es Daniel.
     a. No nos confundamos cuando la reina le dice *"tu padre"* (versículo 11) a Belsasar cuando se refiere a Nabucodonosor. En los tiempos del Antiguo Testamento no había palabras específicas para *abuelo* o *nieto*; los términos *padre* e *hijo* se usaban de forma intercambiable, al margen de cuántas generaciones pudiera haber entre ellos.
   - Aunque otros se habían olvidado de Daniel, la reina madre no, así que enviaron a buscarlo de inmediato. No debía estar muy lejos, o de lo contrario no hubiera aparecido tan rápidamente.
   - Habían pasado sesenta y cinco años desde que había interpretado el sueño de Nabucodonosor. Si tenía veinte años cuando fue llevado a Babilonia, contando los tres años que había pasado en la escuela, ahora tendría unos sesenta y ocho años.

5. Daniel ante el rey (versículos 13–16)
   - Aquí vemos solo unas cuantas palabras vanas que el rey le dice a Daniel, informándole de lo grande que es él y diciendo que ha escuchado acerca de él y ahora quiere que interprete lo que está escrito en la pared, con la promesa de que, si Daniel lo hace, *"serás vestido de púrpura, y un collar de oro llevarás en tu cuello, y serás el tercer señor en el reino"* (verse 16).
   - Daniel no es ningún necio. Él ve en la escritura en la pared que el imperio de Babilonia está destinado al fracaso y que el rey Belsasar no tiene poder para cumplir ninguna promesa; y Daniel reacciona en consecuencia.

6. Daniel rechaza el regalo pero accede a interpretar (versículos 17–24)

   - Daniel predica un poderoso sermón a Belsasar antes de comenzar a interpretar la escritura. Informa al rey que Dios le había dado el reino a Nabucodonosor; le recuerda que Nabucodonosor había sido un soberano al que ningún hombre podía cuestionar, pero cuando se llenó de orgullo, Dios lo humilló mediante un trágico episodio. Daniel usa una experiencia pasada que Belsasar conocía para asegurarse que entiende que Dios está involucrado en todo esto. Concluye su famoso sermón diciendo que la escritura es de Dios, y como leemos en los versículos 23-24, está hablando sobre el Señor Dios Jehová, cuya mano es la que escribió en la pared.
   - Parece totalmente apropiado que el destino de Belsasar lo pronuncie un judío llamado Daniel. Fue por la profanación de los vasos sagrados por lo que apareció la escritura en la pared. El destino de Belsasar debía pronunciarse, porque si seguía como rey, había poca esperanza de que los judíos y los vasos sagrados regresaran a Jerusalén.

7. El destino de Babilonia (versículos 25–31)

   - En la interpretación, Daniel cambia la palabra *"uparsin"* por *"peres"*, que es la forma singular de la primera palabra. El cambio ayuda a la interpretación. Usted preguntará: "¿Qué sucedió con la palabra *'uparsin'*?". Es la misma palabra, pero tenemos que entender cómo los hebreos forman su nomenclatura.
   - "U" en hebreo significa "y", mientras que "-in" indica la forma plural. Por ejemplo, la forma plural de *querub* es *querubín*. Uparsin es plural, así que quitamos la primera letra, "u" y las dos últimas letras, "-in", y nos queda la palabra básica.
   - Ahora veamos estas palabras una por una.
     a. *"MENE: Contó Dios tu reino, y le ha puesto fin"* (versículo 26).
     b. *"TEKEL: Pesado has sido en balanza, y fuiste hallado falto"* (versículo 27).
     c. *"PERES: Tu reino ha sido roto, y dado a los medos y a los persas"* (versículo 28).
   - La escritura estaba en arameo, y las letras quizá fueron ordenadas en forma de acróstico, confundiendo así a los sabios. Esta ilustración del Talmud muestra cómo podría haber sido escrito:
     - P T M M
     - R K N N
     - S L A A
   - Los caldeos, leyendo las letras de derecha a izquierda, como en el hebreo o arameo, no pudieron entender las palabras, pero Daniel leyó de arriba abajo, leyendo desde la derecha; así, leyendo de derecha a izquierda, obtenemos las consonantes interpretadas como "mene", "tekel" y "peres".

- Incluso cuando Daniel pronuncia juicio sobre el rey, el rey sigue pensando que tiene el control, así que viste a Daniel de púrpura, le pone una cadena de oro en el cuello y le proclama como tercer señor del reino.
- El honor para Daniel fue algo vacío, porque si la palabra de Dios era cierta, Belsasar no tenía reino alguno que compartir, porque ese reino ya le había sido entregado a los medos y persas. Como leemos en los versículos 30-31: *"La misma noche fue muerto Belsasar rey de los caldeos. Y Darío de Media tomó el reino, siendo de sesenta y dos años"*.
- La historia nos dice que Darío el Medo no *conquistó* Babilonia, sino que meramente la recibió después de ser capturada por Ciro. Media era un reino más antiguo que Persia, y Ciro tenía otras campañas militares que terminar, así que, como un acto de cortesía, le encomendó el gobierno de Babilonia a su tío Darío, el rey de Media, quien reinó durante dos años.
- En conclusión, la escritura en la pared significó lo siguiente para Belsasar:
    a. Primero, has sido contado, y Dios te ha puesto fin.
    b. Segundo, has sido pesado en la balanza y hallado falto.
    c. Tercero, tu reino ha sido dividido, y se le ha dado a los medos y persas.

8. En conclusión: El espíritu del babilonianismo
    - Este es el final del registro bíblico del reino de Babilonia según existió bajo Nabucodonosor, su hijo y su nieto. Pero el espíritu de Babilonia continúa vivo; no morirá hasta que el mismo Señor Jesucristo regrese de nuevo para deshacerse de él.
    - Encontramos el espíritu y el programa del babilonianismo avanzando con el mismo celo de siempre bajo los medos y persas, después bajo la forma griega del dominio del mundo gentil, y más adelante bajo el imperio romano.
    - De nuevo, el final de esta era llegará a su cima y su pináculo bajo el hombre de pecado, o el anticristo.
    - Debe haber una lección aquí sobre lo que significa el babilonianismo para nosotros y cómo nos afecta tanto a nosotros como al futuro de este mundo, así que veámoslo brevemente.
    - En los versículos 30-31 leemos una frase inusual. Belsasar, el rey de los caldeos, fue muerto esa misma noche. Darío el Medo recibió el reino cuando tenía unos sesenta y dos años.
    - De nuevo, Darío no "capturó" Babilonia. Babilonia fue capturada por Ciro. Dos años después de la muerte de Nabucodonosor estalló una guerra entre los babilonios y los medos, y esta continuó durante unos veinte años. Finalmente, Darío, que es llamado "el Medo", consiguió la ayuda de Ciro, y en el tercer año del reinado de Belsasar, Ciro rodeó la ciudad de Babilonia. La gente de la ciudad pensaba que estaban a salvo debido a los impenetrables muros, pero era un falso sentimiento de seguridad. Dios había decretado hacía ciento setenta y cinco años atrás

que la ciudad sería tomada por un hombre llamado Ciro, un hombre que aún no había nacido y un hombre que ni siquiera conocía a Dios (véase Isaías 44:28; 45:1-4).

- Ciro era un hombre inteligente que sabía que sería difícil capturar la ciudad por la fuerza. Decidió secar el río Éufrates, el cual discurría por la ciudad, y que sus soldados marcharan por su cuenca. Algunas personas dicen que hizo un gran lago artificial en el que vertió las aguas del Éufrates. Otros dicen, y este caso me parece más probable, que Ciro construyó un nuevo canal para el río, lejos e invisible desde lo alto de las torres de los muros de la ciudad, y hacia este nuevo canal desvió las aguas del río, dejando las riberas completamente vacías.
- Como prueba de la inspiración de las Escrituras, vale la pena destacar que la caída de Babilonia fue presagiada, la forma de su captura fue descrita, e incluso el nombre del líder de esta caída final fue dado ciento setenta y cinco años antes de que se produjera el acontecimiento.
- Por Isaías 44:28 y 45:1-4 vemos que Ciro fue predestinado más de cien años antes de nacer para hacer dos cosas: primero, capturar Babilonia; segundo, decretar un edicto dos años después, cuando el tiempo de los setenta años de la cautividad babilónica había expirado, para el regreso de los judíos a Jerusalén (véase 2 Crónicas 36:22-23; Esdras 1:2-3).
- Ahora llegamos a una parte del estudio que no podemos entender del todo hasta que hayamos hablado de todo el libro de Daniel y después parte del libro de Apocalipsis. Ya hemos enfatizado que Babilonia representaba riquezas, además de representar al mundo. Babilonia representa más que un reino físico. El babilonianismo es un sistema, un sistema anticristiano y contrario a Dios basado en el esfuerzo humano por derrocar al Dios Todopoderoso y llevar a este mundo un reino utópico ideal y una federación que no necesitará la dirección y la revelación de Dios en ningún sentido.
- Aunque el babilonianismo adopta varias formas, bajo Nimrod, allá en Génesis 11, y después bajo la forma egipcia, la forma babilónica y la forma persa, griega y romana, su espíritu es siempre el mismo y nunca cambia.
- En los últimos tiempos, justo antes del regreso del Señor Jesucristo, un hombre se levantará, del cual Nimrod, Nabucodonosor, Alejandro Magno y otros fueron solo tipos. Este hombre será un súper hombre, el anticristo, el hombre de pecado, el cual tendrá éxito por un espacio de tiempo muy corto a la hora de conseguir lo que todos los demás no habían podido conseguir: una unión mundial, un estado libre asociado mundial que prometerá todos los ideales que el hombre ha intentado siempre conseguir a lo largo de los siglos de historia.
- Sin embargo, justo cuando este hombre de pecado parezca haber llegado al pináculo de su éxito, el Señor Jesucristo vendrá en juicio y destruirá el sistema anticristiano del hombre y establecerá sobre esta tierra su propio reino de prosperidad, paz y justicia.
- El babilonianismo siempre sigue el mismo patrón. Siempre lo ha hecho y siempre lo hará. Comenzando con el reino de Nimrod en los capítulos 10 y 11 de Génesis, encontramos que siempre sigue un patrón idéntico.

- Podríamos resumir el patrón del babilonianismo anticristiano con tres palabras:
  a. Primero, federación
  b. Segundo, profanación
  c. Tercero, frustración
- El primer intento es asentar un reino mundial bajo una cabeza o nación particular que dominará todos los gobiernos del mundo. Cuando esto se produce, vemos que tiene como resultado la profanación, una negación de Dios y una negación de la Palabra de Dios. Después, cuando el juicio de Dios cae sobre ellos tenemos la tercera fase: la frustración de todos los planes del hombre y el cumplimiento del plan de Dios.
- Durante solo un momento saltaremos al capítulo 17 de Apocalipsis. Ahí encontramos que Juan ha recibido una de las profecías más importantes para que entendamos. Aquí él expone un sistema religioso mundial que unirá a las falsas religiones en una sola unidad. Mediante este sistema, el anticristo de Satanás se adueñará del mundo.
- Por favor, lea y escriba Apocalipsis 17:3–5:

____

____

____

____

____

- El tema principal de este pasaje tiene que ver con un misterio. Babilonia es tipificada mediante esta mujer, descrita mejor en Apocalipsis 17:6-7. Aquí encontramos a esta mujer que es la misteriosa Babilonia montada sobre la bestia, lo cual demuestra que lo controla.
- El profeta Isaías habla de forma predictiva en Isaías 4–7, dando un análisis de la adoración y religión de Babilonia. La descripción del juicio que caerá sobre esta religión es tan importante para hoy que apenas si podemos contener nuestra emoción por la profecía de la Escritura.

Al dejar Daniel 5 y el significado del babilonianismo, recordemos que fue la sabiduría y el conocimiento lo que pervirtió a Babilonia.

¿Cuânto recuerda?

1. ¿Cuáles son dos significados de la raíz de la palabra Babilonia?
2. Describa tres elementos distintivos de Babilonia.
3. ¿Cuál fue la "inspiración" que recibió Belsasar mientras estaba bajo la influencia del vino en la fiesta?
4. ¿Quién fue la persona que aconsejó a Belsasar que llamaran a Daniel para que le interpretara la escritura sobre la pared?
5. ¿Cuál fue el significado de la escritura en la pared, según la interpretación de Daniel?
6. ¿Qué tres palabras resumen el sistema anticristiano del babilonianismo?

Su tarea para la próxima semana

1. Lea Daniel 6.
2. Repase sus notas de esta lección.
3. Subraye y marque su Biblia.

Notas de la Lección 7

DANIEL 6

Lección 8
DANIEL 6

El capítulo 6 de Daniel nos lleva al segundo imperio mundial de los tiempos de los gentiles: el imperio medo-persa. La cabeza de oro había permanecido por casi setenta años, y ahora aparecen los brazos y el pecho de plata. El imperio babilónico ya no existe, pero el doble imperio de Medo-Persia llega al poder bajo Darío y Ciro.

Este capítulo es de los más conocidos porque uno piensa inmediatamente en Daniel en el foso de los leones. Sin embargo, Daniel pasó solo una noche de su larga vida en el foso de los leones, un breve episodio que ilustra el poder salvador de Dios, así como otra ilustración de la forma en que Dios protegerá al remanente (los 144.000) durante la gran tribulación.

Este capítulo es un equivalente del capítulo 3, donde Dios guardó a los tres amigos de Daniel en el horno de fuego; aquí, en el capítulo 6, Dios protege a Daniel.

Si hay una pregunta sobre el paradero de Daniel en el capítulo 3, igualmente hay una pregunta sobre el paradero de los tres hombres hebreos que sobrevivieron al horno en este capítulo. Sin duda, habrían seguido a Daniel si hubieran estado en su lugar o si aún vivieran.

1. El ministro superlativo

    - Con el título de "ministro superlativo" nos referimos a un gran hombre: un ministro de estado, un gran primer ministro, un hombre de estado y profeta llamado Daniel.
    - Daniel había recibido poder y un puesto bajo Nabucodonosor. Ahora que la cabeza de oro había caído, dejando el pecho de plata con sus brazos de Media y Persia, Daniel se mantiene en santidad, como un hombre santo de Dios, siguiendo en el poder y con una buena aceptación.

2. El lugar de prominencia (versículos 1–3)

    - Notemos en el versículo 2 las palabras: "*Y sobre ellos tres gobernadores, de los cuales Daniel era uno*". Esa es la clave para todo lo que sigue en el capítulo 6. A veces, nos vemos inmersos en la gráfica y rápida narrativa y pasamos por alto la presentación fundamental, y el fundamento aquí es esta frase. Daniel se había abierto un hueco en el gobierno y también en el corazón del pueblo. Daniel era importante. Era importante ante los ojos del pueblo. Llevaba una vida pura y noble de dedicación e integridad. También era importante ante ojos del nuevo rey: Darío.
    - El rey estaba buscando a un hombre de integridad para que fuera el primer ministro y jefe de estado, y encontró todas las dignas características en este hombre: Daniel. Por lo tanto, el rey quiso poner a Daniel por encima de los gobernadores y el príncipe de su gobierno. Así, Daniel "*era superior a estos sátrapas y gobernadores*" (Daniel 6:3). Esta palabra, "*superior*" significa que los eclipsaba a todos.
    - El juicio de Daniel era como si un hombre hubiera inquirido en la misma mente de Dios.
        a. Sus palabras eran como música.
        b. Sus pensamientos eran los pensamientos del Señor Dios hablando a través de él.
        c. Había una gracia carismática en Daniel.
        d. Había un espíritu de divinidad en Daniel, algo parecido a una estimulación celestial.
        e. Daniel era superior a los demás gobernadores "*porque había en él un espíritu superior*" (versículo 3).
        f. Dios lo vio, y tres veces en el libro de Daniel, el profeta es llamado "*muy amado*" (véase Daniel 9:23; 10:11, 19).
        g. En el libro de Ezequiel, el Señor nombra tres grandes hombres, poniendo primero a Noé y a Job en tercer lugar, con Daniel en el medio de ambos: "*Noé, Daniel y Job*" (Ezequiel 14:14, 20). Daniel era contemporáneo suyo, y sin embargo el inspirado profeta Ezequiel vio en Daniel ese espíritu excelente que le hizo pensar en él y ponerlo junto a los grandes hombres de Dios de antaño.
    - Cuando leo la Biblia, hay tres hombres maravillosamente nobles, puros, santos y piadosos en el Antiguo Testamento. Uno es el hijo de Jacob: José; nunca hubo una falta en él. Otro es Jonatán, el amigo de David puro, apuesto y amoroso. Y el tercero es Daniel.

- Notemos en el versículo 3 que se halló en Daniel *"un espíritu superior"*. Dios lo vio, y lo dijo aquí en las Escrituras. El rey lo vio y lo dijo, y el rey era consciente de todos esos buenos ministerios de hombre de estado de Daniel en los días ya pasados, desde estar delante de Nabucodonosor trazando el curso de la historia de Babilonia en Daniel 2, hasta estar en presencia del pueblo del imperio, guiar el reino durante esos siete años en los que el rey se volvió loco, en Daniel 4, hasta presentar fielmente el mensaje de sabiduría a Belsasar en Daniel 5, donde Daniel exhibió su espíritu superior. Cada detalle de la vida de Daniel lo confirmaba como un consejero fiel y un verdadero amigo.
- No es sorprendente, por lo tanto, que el rey Darío viera en él esos mismos dones gloriosos: *"un espíritu superior"*. Hoy podemos ver ese espíritu superior en el noble profeta llamado Daniel.
- Mirémoslo por un momento. Nació en el año 625 a. C. Ciro, con los medos y los persas, tomó el reino en el 537 a. C. Así que Daniel tenía unos ochenta y ocho años cuando se presentó delante del rey Darío. Yo diría que cualquier hombre que tenga cerca de noventa años es un candidato para sentarse en una mecedora. Por lo general, una persona de esa edad está viviendo en el pasado, pero no Daniel. Es verano en su corazón. Hay un conmovedor y rápido rejuvenecimiento en este hombre, aunque tiene casi noventa años. Hay esperanza en él. Hay un espíritu de optimismo que es contagioso. Este Daniel, casi con nueve décadas de edad, sigue siendo un hombre de espíritu viviendo la vida al máximo.
- Pero usted dirá: "Bueno, la gente no se moría tan joven en esos tiempos". Quizá es cierto, pero examinemos por un momento la edad de Daniel comparado con algunos de los grandes hombres de Dios a quienes hemos estudiado en la historia. En un análisis de las vidas y los logros de cuatrocientos de los principales personajes de la historia, vemos que un 27 por ciento de los mejores personajes del mundo concluyeron su vida activa a los setenta años; el 25 por ciento pasaron de los setenta; el 22 por ciento pasaron de los ochenta, y solo el 6 por ciento pasaron de los noventa.
- Consideremos lo que han hecho hombres y mujeres de más de ochenta años.
    a. William Gladstone tenía ochenta y tres cuando se convirtió en primer ministro de Gran Bretaña por cuarta vez.
    b. John Wesley predicaba con una elocuencia casi perfecta a los ochenta y ocho, concluyendo con esa edad tan destacable la carrera más notable de su tiempo, viajando 400.000 kilómetros en una época en la que no había ni electricidad ni vapor.
    c. Thomas Edison seguía inventando a los ochenta y cuatro años, cuando murió.
    d. Frank Lloyd Wright, a los noventa, seguía siendo considerado el arquitecto más creativo.
    e. George Bernard Shaw seguía escribiendo obras de teatro a los noventa.
    f. Abuela Moses empezó a pintar a los setenta y ocho.

g. James Cash "J. C." Penney Jr. estaba trabajando enérgicamente como un gran cristiano a los noventa y cinco.

h. Miguel Ángel estaba trabajando en una escultura, *Pietà Rondanini*, en las semanas que llevaron a su muerte justo antes de su ochenta y nueve cumpleaños.

- Nunca encontraremos un fallo en la vida de Daniel. Su actitud era piadosa. En todos estos capítulos y en todas estas palabras, no hay ni siquiera algo parecido a una queja. Ni siquiera una.

3. El precio de la prominencia (versículos 4–9)

- El versículo 4 enfatiza: *"y ningún vicio ni falta fue hallado en él"*.
- Sin embargo, los presidentes y los príncipes estaban decididos a encontrar algún fallo en Daniel, y esta es su conclusión: *"No hallaremos contra este Daniel ocasión alguna para acusarle, si no la hallamos contra él en relación con la ley de su Dios"* (versículo 5).
- Así que comenzaron a confabularse y a maniobrar. ¿Por qué? A veces desearía que pudiéramos dejar fuera estas partes desagradables de las lecciones, pero no podemos. Siempre que el Señor eleva a un hombre a un lugar de prominencia, ese hombre paga el precio. Siempre están aquellos que intentarán destruirlo.
- En su exaltación, los envidiosos y celosos planean destruir a este hombre llamado Daniel. No hay éxito ni prominencia por la que no se pague con algún tipo de esclavitud. El hombre que desarrolla y el hombre que sobresale es un hombre que trabaja y se esfuerza. Es un esclavo, y está encadenado. Ya sea que la persona sea artista, escritor, físico o teólogo, si sobresale paga el precio. Es esclavo de su tarea; vierte su vida en su trabajo. Toda prominencia tiene un precio. Una de las partes amargas de ser líder, especialmente en círculos piadosos, es lo inevitable de ser seguido y acosado por los celos o la envidia si tiene éxito, y por el ridículo y el chisme si fracasa.
- Por lo tanto, como Daniel es exaltado, es odiado. Esta es la forma que tiene Satanás de dejarnos ver la vieja naturaleza, la naturaleza humana. La verdad siempre duele, y si un hombre es cristiano, si un hombre es piadoso, y si es un hombre de estado con una mente piadosa y un corazón piadoso, siempre es perseguido. Este hombre piadoso llamado Daniel era odiado; y estos presidentes y príncipes buscaban destruirlo. De nuevo, ¿por qué?
- Los celos son muy poderosos. Destruyen todo lo que tocan. La parte más trágica de la envidia y los celos es su poder destructivo en el corazón de aquel que es celoso y envidioso. Los celos hacen daño a la otra persona, cierto, pero tienen un efecto aún más devastador sobre quienes los tienen. Es la idea de Satanás que cerremos nuestros oídos cuando otros son alabados. La envidia y los celos ardieron en el alma de esos presidentes, príncipes, gobernadores y capitanes, porque no tenían el carácter de Daniel. Por eso dijeron: "Acabemos con él". Esa es la única respuesta que tiene el pagano contra los santos de Dios.

- Pero ¿cómo acabar con Daniel? No había nada malo en él porque todo lo que hacía, Dios lo controlaba. Dirigía los asuntos de estado sin parcialidad. No se le podía sobornar. Era un hombre de integridad, honestidad, nobleza y pureza. Lo único que podían tener contra Daniel era el hecho de que adoraba a su propio Dios.
- Y así, formularon un plan diabólico. El versículo 6 nos dice que *"se juntaron delante del rey"*, lo cual significa que se apresuraron a ir a la presencia del rey. Se olvidaron de todo el protocolo porque tenían celos en sus corazones. Para apelar al orgullo del rey, le animaron a firmar una cláusula, diciendo: *"que cualquiera que en el espacio de treinta días demande petición de cualquier dios u hombre fuera de ti, oh rey, sea echado en el foso de los leones"* (versículo 7). Lo que querían hacer era que el rey Darío fuera "dios durante un mes".
- El rey Darío fue atrapado de inmediato como una mosca en una tela de araña. ¡Qué estúpido puede llegar a ser el hombre! Ahora apelando al orgullo, le dicen: "Vamos a hacerte 'dios durante un mes'". El equivalente para una mujer sería prometerle que podría ser "reina por un día". Si el rey hubiera pensando en su petición tan solo un momento, nunca habría caído en una trampa así. Pero lo habían tomado por sorpresa. Si le hubieran dado tiempo para considerar despacio la propuesta, creo que habría rechazado firmarla. Pero sin pensarlo, firmó el decreto, así de rápido. Fue instantáneo, y bajo la ley de los medos y los persas, un decreto era irrevocable (véase versículo 8).

4. Cuando Daniel se enteró (versículo 10)
   - Cuando Daniel descubrió que el rey había firmado el decreto, no entró en pánico.
   - Hizo lo que siempre había hecho en el pasado. Simplemente se mantuvo igual. Oró. Con las ventanas abiertas hacia Jerusalén, Daniel oraba y daba gracias al Señor tres veces al día, de rodillas.

5. Ventanas abiertas hacia el cielo (versículo 10)
   - Recordará que en los versículos 4–9 todos los demás líderes tenían que encontrar una manera de eliminar a Daniel de su puesto de autoridad, y por lo tanto fueron ante el rey para que firmara un decreto mediante el cual *"cualquiera que en el espacio de treinta días demande petición de cualquier dios u hombre fuera de ti, oh rey, sea echado en el foso de los leones"* (versículo 7).
   - Cuando Daniel supo que el escrito lo había firmado el rey, parecía como si Daniel o bien tuviera que acogerse al decreto o mantenerse leal a su Dios. Él podía haber razonado, se podía haber defendido tanto a sí mismo como sus creencias, pero no lo hizo.
   - ¿Qué hizo? Abrió las ventanas de su cuarto hacia Jerusalén y se arrodilló tres veces al día en oración, dando gracias delante de su Dios (véase versículo 10). Ahora vemos al verdadero Daniel. Se podía haber dicho a sí mismo: "Cerraré las ventanas y oraré dentro, o puedo orar

calladamente en mi corazón, o puedo vivir como un pagano aunque realmente soy creyente, o puedo esconder mi rostro durante treinta días y no sabrán lo que estoy pensando o haciendo".

- Ahora bien, eso es lo extraño de que Dios esté en el corazón de un hombre: un hombre recibe parte del carácter del Señor. Hay algo en el Señor que nos pide que nos abramos, que salgamos y no nos avergoncemos de nuestra devoción, práctica religiosa o compromiso.
  a. La noche de la Pascua, la sangre tenía que aplicarse abiertamente en el frente de la casa, sobre la puerta y a ambos lados de ella (véase Éxodo 12). ¿Por qué no se podía haber aplicado la sangre en la puerta trasera o en un armario? Porque Dios dijo, esencialmente: "Mi pueblo tiene que estar abiertamente comprometido y sin avergonzarse". No hay excepción a esto en toda la Palabra del Señor.
  b. Jesús mismo dijo en Mateo 10:32–33:

     > *A cualquiera, pues, que me confiese delante de los hombres, yo también le confesaré delante de mi Padre que está en los cielos. Y a cualquiera que me niegue delante de los hombres, yo también le negaré delante de mi Padre que está en los cielos.*

  c. En palabras del apóstol Pablo: "*que, si confesares con tu boca que Jesús es el Señor, y creyeres en tu corazón que Dios le levantó de los muertos, serás salvo*" (Romanos 10:9).
  d. Está la lectura pública de la Palabra de Dios así como la lectura privada. Hay una oración pública así como una oración privada. Hay una adoración pública del Señor Dios, y hay una adoración privada del Señor. Daniel habría hecho lo mismo, al margen de cuál hubiera sido el decreto. Él tenía una devoción al Señor Dios que es incuestionable.
- Daniel no era ningún cobarde. Era intrépido y estaba totalmente comprometido con el Señor Dios. Todo el imperio podría estar equivocado, pero Daniel no. La fortaleza de este hombre, su refugio y su consuelo, se encontraban en su comunión con Dios. Un hombre que no ora es un hombre que no tiene gracia. La largura de la oración, las palabras de la oración, no tienen nada que ver con el compromiso interior del hombre.
- Voy a destacar tres cosas sobre Daniel y su vida de oración.
  a. Primero, tenía un lugar de oración.
  b. Segundo, oraba a Alguien, abriendo sus ventanas hacia Jerusalén, lo cual es el único tipo de Cristo que Daniel conocía, porque allí en Jerusalén estaba el templo, el candelero de oro, el altar del incienso y todas las cosas que él consideraba santas.
  c. Tercero, Daniel tenía un tiempo de oración, tres veces al día: mañana, mediodía y tarde.
- Mientras Daniel oraba mirando hacia Jerusalén, Dios abrió su corazón y le mostró las cosas de Cristo. Estudiaremos más sobre esto en el capítulo 9 de Daniel, en el cual usa un lenguaje que es idéntico al del apóstol Pablo.

- Mientras Daniel estaba orando, *"se juntaron aquellos hombres, y hallaron a Daniel orando y rogando en presencia de su Dios"* (Daniel 6:11). Estos enemigos de Daniel no le habían juzgado mal; por lo tanto, les agradó ver el éxito de su plan. Enseguida, llevaron el asunto ante el rey.

6. El rey indefenso (versículos 12–15)

   - En el versículo 12 leemos que los taimados hombres llevaron el asunto ante el rey, haciéndole consciente del hecho de que Daniel había incumplido la ley. Hicieron que el rey admitiera que él había firmado un decreto *"conforme a la ley de Media y de Persia, la cual no puede ser abrogada"* (Daniel 6:12).
   - El menosprecio con el que los conspiradores hablaron de Daniel se puede encontrar en el versículo 13, donde se refieren a *"Daniel, que es de los hijos de los cautivos de Judá"*. Ahora bien, eso es como decir: "Ese viejo judío que es tan solo un cautivo, y depende de ti para su puesto, no está siendo agradecido ni está apreciando tus favores; por lo tanto, ha menospreciado tu decreto y no te muestra respeto".
   - Pero en lugar de hacer que el rey se enojara con Daniel, su ataque tuvo el efecto contrario.

Cuando el rey supo que le habían tendido una trampa, sintió desagrado consigo mismo. De inmediato vio cómo su orgullo había vencido a su perspicacia y su juicio, pero como la ley no se podía cambiar, el rey descubrió que estaba en una posición de total indefensión. Darío amaba a Daniel y deseaba salvarlo, así que intentó de todas las formas posibles, *"hasta la puesta del sol"* (versículo 14), concebir una forma de esquivar la ley.

7. El foso de los leones (versículos 16–17)

   - Darío tenía mucha fe en Daniel, así que mientras ordenó que Daniel fuera llevado al foso de los leones, le dijo a Daniel: *"El Dios tuyo, a quien tú continuamente sirves, él te libre"* (versículo 16).
   - Así Daniel, el anciano y fiel siervo del Señor, fue echado en el foso de los leones para que lo devoraran.
   - En este pasaje tenemos un bello retrato de Daniel y también de Jesús.

     a. Daniel fue echado a un foso, y *"fue traída una piedra y puesta sobre la puerta del foso, la cual selló el rey con su anillo y con el anillo de sus príncipes"* (versículo 17), para que Daniel no se pudiera escapar. Era como si Daniel estuviera muerto. ¿No es este un tipo de Cristo, crucificado, puesto en una tumba, una gran piedra fue rodada sobre ella y sellada por el sello del imperio? (véase, por ejemplo, Mateo 27:57-66).

     b. De esa tumba salió un Jesucristo resucitado. El foso de Daniel prefigura la tumba en la que sería puesto nuestro Señor.

c. Así como los leones no lastimaron a Daniel, tampoco Jesús fue devorado por las fauces de la muerte, y fue librado mediante la resurrección. Cuando Daniel fue liberado del foso de los leones, no pudo volver a ser arrojado, así que fue libre de la ley porque había pagado el castigo. Por lo tanto, cuando aceptamos a Cristo como nuestro Salvador personal, somos libres de *"la ley del pecado y de la muerte"* (Romanos 8:2) porque Cristo ha pagado el castigo en la cruz, y su liberación de la tumba mediante la resurrección muestra que ha cumplido todos los requisitos de la ley. La tumba ya no podía retenerlo.

8. La gran liberación (versículos 18–23)
    - El interés del rey por Daniel fue muy obvio porque pasó una noche sin dormir durante la cual ayunó. Se apresuró al foso de los leones por la mañana temprano y descubrió que su esperanza había estado justificada.
    - El rey se alegró, y mandó que sacaran a Daniel del foso; y tras ser examinado, Daniel no tenía daño alguno.
    - Esta fue una repetición del milagro del horno de fuego, cuando los tres hombres hebreos fueron librados sin que fuera dañado ni uno solo de sus cabellos. El escritor del libro de Hebreos se refiere a este incidente en Daniel 6 cuando menciona a quienes *"taparon bocas de leones"* (Hebreos 11:33).

9. Un castigo justo (versículo 24)
    - La liberación de Daniel del foso no satisfizo del todo al rey. Sentía que los conspiradores que habían puesto en peligro la vida de Daniel de forma egoísta e inhumana deberían recibir una dosis de su propia medicina.
    - Por lo tanto, en el versículo 24, hizo que los hombres que habían acusado a Daniel fueran traídos ante él, y fueran echados al foso de los leones junto con sus esposas y sus hijos, y los leones rompieron todos sus huesos en pedazos.
    - Cualquier argumento que dijera que Daniel no fue devorado porque los leones no estaban hambrientos carece de aprobación por la forma feroz con la que atraparon y devoraron a estos hombres malvados y sus familias.

10. El decreto del rey (versículos 25–27)
    - El rey ahora ordenó que el pueblo adorara a Jehová Dios, un decreto que casi se convirtió en una religión de estado.
    - Aquí vemos la fidelidad de Daniel recompensada porque el rey vio el poder de Dios y animó a su pueblo a adorar al Dios de Daniel.

- De nuevo la fidelidad de Daniel con su Dios fue recompensada con su ascenso, y su vida fue perdonada no solo durante el reinado de Darío, sino también en el reinado de Ciro el Persa (véase Daniel 6:28).
- Así que vemos que Daniel fue librado del foso de los leones para que pudiera ser el consejero jefe de los primeros dos monarcas, uno representando a los medos, y el otro a los persas, del reino doble de Medo-Persia representado por los dos brazos y el pecho de plata de la imagen descrita en el capítulo 2.
- Daniel, por lo tanto, es un tipo del remanente, los 144.000 que serán librados de la feroz y ardiente tribulación al final de los tiempos. Daniel es un tipo de los que son sellados y salvados de las tribus de Israel. Es un tipo de esos gentiles que pasan por el horno de fuego y que son salvos. Es un tipo del remanente salvo en la gran tribulación.
- La historia es también un tipo de lo que sucederá a los enemigos de Dios, esos enemigos de Daniel que fueron echados al foso de los leones y quedaron consumidos. Llegará un tiempo en el que el juicio de los malvados hará lo mismo. Así que las naciones que van contra Dios y contra Israel serán juzgadas al igual que todos los peces gordos del reino de Darío (véase Apocalipsis 7; 14:1-5).

¿Cuánto recuerda?

1. En el capítulo 6, la protección de Dios sobre Daniel en el foso de los leones ¿a qué capítulo y ocasión anterior del libro de Daniel es equivalente?
2. Mencione a los otros dos a los que el profeta Ezequiel nombra junto a Daniel como "grandes hombres".
3. ¿Qué edad tenía Daniel aproximadamente cuando fue echado en el foso de los leones?
4. ¿Cuáles eran las tres claves para la vida de oración de Daniel?
5. Describa varias similitudes entre Daniel en el foso de los leones y Jesús en la tumba tras su crucifixión.
6. Daniel en este relato es un tipo ¿de qué grupo de personas?

Su tarea para la próxima semana

1. Lea Daniel 7.
2. Repase sus notas de esta lección.
3. Subraye y marque su Biblia.

Notas de la Lección 8

DANIEL 7

Lección 9
DANIEL 7

El séptimo capítulo de Daniel, escrito antes de la venida de Jesús de Nazaret, era conocido por los escribas como "el mayor capítulo del Antiguo Testamento". Quizá usted tenga una opinión distinta, pero al menos los escribas así lo pensaban. Jesús y sus apóstoles se refirieron a este capítulo muchas veces, o bien directa o indirectamente.

1. La fecha de la visión (versículo 1)

   - La visión que tiene Daniel es distinta a la del sueño de Nabucodonosor en el capítulo 2, y sin embargo las dos son casi iguales.
   - Daniel data el acontecimiento de esta visión en el primer año de Belsasar, que habría sido el 541 a. C.
   - Belsasar murió en el año 538 a. C., la misma noche que los medo-persas tomaron el imperio babilónico, y la misma noche que la mano de Dios escribió en la pared.
   - Belsasar reinó unos tres años. Esto está datado unos sesenta años después de que Daniel interpretara el sueño de Nabucodonosor. Ahora bien, en el primer año de Belsasar, Daniel ve visiones y sueños y los escribe en este libro, el libro más singular de toda la literatura humana.

2. La descripción de la visión (versículos 2–14)

- Este capítulo en realidad narra tres visiones que tiene Daniel:
  a. Primero, la visión de las cuatro bestias que surgen del mar (véase Daniel 7:3).
  b. Segundo, la visión del gran día del juicio cuando el Anciano de días se sienta en su trono (véase Daniel 7:9).
  c. Tercero, la visión de uno parecido a un hijo de hombre viniendo con las nubes del cielo (véase Daniel 7:13–14).
- En la visión de noche, Daniel ve los cuatro vientos sobre el gran mar.
- Hay cuatro mares mencionados en la Biblia: el mar de Galilea, el mar Muerto, el mar Rojo y lo que los antiguos llamaban el Gran Mar, que es el Mediterráneo. Daniel sin duda estaba sobre la orilla del vasto mar Mediterráneo, en el corazón de la civilización humana y de la historia humana. Mientras estaba allí parado, ve una turbulenta y violenta tormenta que se extiende hasta donde el ojo puede alcanzar. El mar tiembla hasta sus profundidades por los cuatro vientos del cielo.
- ¿Se imagina a los cuatro vientos soplando desde cuatro direcciones distintas el uno sobre el otro? El número cuatro, en la literatura apocalíptica, es el número que representa al mundo. Los cuatro vientos del cielo, las cuatro estaciones y los cuatro puntos cardinales representan toda la tierra.
- Se nos dice en la Biblia lo que representa el mar. Apocalipsis 17:15 dice: *"Las aguas que has visto... son pueblos, muchedumbres, naciones y lenguas"*. Daniel ve la humanidad como un gran mar que es sacudido desde su mismo centro hacia su circunferencia, desde lo alto hasta lo profundo. Es el mar turbulento de la vida humana.
- Cuando mira al violento mar, Daniel ve en esos vientos y torrentes a cuatro bestias diversas que surgen, una tras otra. Estas bestias representan el libro de cuentos ilustrados de Dios de una serie de imperios. Son distintos unos de otros.

3. Las cuatro bestias (versículos 4–7)

- Ahora estamos listos para estudiar las cuatro bestias que Daniel vio en su visión. A medida que avanzamos, veremos que estas cuatro bestias se corresponden con los cuatro metales de la imagen que examinamos en el segundo capítulo de Daniel.
- Esta visión en el capítulo 7 de Daniel se parece al sueño de Nabucodonosor que Daniel interpretó en el capítulo 2.
  a. Ambas visiones siguen la trama de la historia humana hasta la consumación de los siglos.
  b. En la visión del segundo capítulo había una imagen gigantesca de un hombre. La cabeza era de oro, los brazos eran de plata, los muslos de bronce, las piernas de hierro y los pies y los dedos eran de hierro y barro.

c. La piedra cortada sin mano que golpea la imagen sobre los diez dedos de los pies es la consumación de este siglo con la llegada de Cristo. La imagen del capítulo 2 representa toda la historia hasta que Jesús regrese.

d. El imperio babilónico fue la cabeza de oro. Los dos brazos representaban al imperio medo-persa. Los muslos de bronce representaban a Grecia. Las piernas de hierro son los imperios romanos oriental y occidental. Los diez dedos de los pies representan la ruptura del reino romano como sucedió entonces para formar una multinación, o diez reinos nacionales. Esto continuará hasta la llegada de Cristo. Este es todo el abanico de la historia humana.

- En este capítulo 7 del libro de Daniel está el mismo abanico inclusivo de la historia hasta el final de esta era. Está primero el león, que representa a Babilonia. Tenía alas como las de un águila. Su aspecto le habría recordado a Daniel las grandes figuras de leones con las alas de águila y el rostro de hombre que adornaban los palacios de Nínive y Babilonia. Esto no era algo extraño para Daniel porque todo eso era un símbolo del grande y fuerte imperio de Nabucodonosor.
- Mientras Daniel mira la bestia, sus alas son arrancadas, es decir, Nabucodonosor, satisfecho con su conquista, se dedicó a edificar cosas y palacios, oro, plata y a perseguir la paz. Dejó de conquistar. A partir de ese momento, la gloria del imperio comenzó a desvanecerse.
- Entonces Daniel ve a este león levantarse y andar sobre dos pies, como un hombre, en lugar de cuatro, y se le da corazón de hombre. De lo contrario, seguiría siendo una bestia; es decir, ya no tiene que usar las zarpas y los dientes para vencer al enemigo, sino que confía en su intelecto. El arrancarle las alas también se puede referir a la locura de Nabucodonosor, y el ponerse de pie como un hombre y recibir corazón de hombre a la recuperación de su cordura desde su estado bestial.
- La segunda bestia, representando a Media y Persia, se describe en el versículo 5 como un oso. El oso es la bestia más fuerte después del león y se distingue por su voracidad. Es torpe en sus movimientos y muy lento comparado con el león. Vence por la fuerza bruta y su pura fuerza. Estas son las características del imperio medo-persa. Este imperio obtenía sus victorias lanzando grandes masas de tropas sobre el enemigo. El oso tenía tres cotillas en su boca, lo cual es una referencia al dominio del segundo imperio: Media, Persia y Babilonia. Se le dijo que devorase mucha carne.
- La tercera bestia, que representa a Grecia, está descrita en el versículo 6. La tercera bestia era como un leopardo, con esta diferencia: tenía cuatro cabezas y cuatro alas. El leopardo es la más elegante de las bestias salvajes. Es fuerte y rápido, un símbolo adecuado de las conquistas de Alejandro Magno, quien llevó a los griegos a conquistar Medo-Persia. Las cuatro alas de ave son distintas de las del águila real de la primera bestia. Esto indica progreso. Aunque rápida, esta tercera bestia no sería tan victoriosa o tan de realeza como la primera bestia. Las

cuatro cabezas representan los cuatro reinos en los que el imperio de Alejando finalmente se dividiría: Grecia, Macedonia, Siria y Egipto.

- La cuarta bestia de la que leemos en el versículo 7 era *"espantosa y terrible y en gran manera fuerte, la cual tenía unos dientes grandes de hierro; devoraba y desmenuzaba, y las sobras hollaba* [es decir, los tres reinos anteriores] *con sus pies"*. Esta bestia que Daniel vio en su visión era distinta a las otras tres, y lo asombroso era que tenía diez cuernos. En el libro de Apocalipsis, un cuerno significa un rey. Leemos en Apocalipsis 17:12: *"Y los diez cuernos que has visto, son diez reyes"*. Por lo tanto, la cuarta bestia con diez cuernos significa diez reinos.
- Tras leer sobre estos diez cuernos en el versículo 7 encontramos que había un *"cuerno pequeño"* delante del cual tres de los primeros cuernos fueron *"arrancados"* (Daniel 7:8); en otras palabras, tres reinos fueron destruidos. Este "cuerno pequeño" tenía *"ojos como de hombre, y una boca que hablaba grandes cosas"*. En Apocalipsis encontramos una bestia con una *"boca que hablaba grandes cosas y blasfemias"* (Apocalipsis 13:5).
- Esta visión que vio Daniel en su sueño aquella noche es un sueño del final del dominio mundial de los gentiles. El antiguo imperio romano, el "reino de hierro" de Daniel 2 y la bestia de Daniel 7, tendrá diez cuernos, es decir, diez reinos correspondientes a los diez dedos de la imagen de Nabucodonosor.
- Cuando Daniel considera esta visión de los diez reyes, surge contra ellos un "cuerno pequeño", un rey sutil que somete a tres de los diez reyes de forma tan completa que las identidades separadas de sus reinos son destruidas. Permanecen siete reyes de los diez, además del "cuerno pequeño".
- Cubriremos esto totalmente más adelante en esta lección, cuando lleguemos a la interpretación que Daniel hace de la visión comenzando en el versículo 15. Esto es suficiente por el momento a fin de que podamos entender que las cuatro bestias que Daniel vio se corresponden directamente y de manera perfecta con los cuatro reinos de Daniel 2.

4. La segunda visión: el Anciano de días (versículos 9–12)
   - Como indiqué anteriormente, hay tres visiones dadas en este capítulo del libro de Daniel.
     a. Primero, encontramos en el versículo 3 la visión de las cuatro grandes bestias.
     b. Segundo, encontramos la visión del gran día del juicio, con el Anciano de días sentado en el trono (véase versículo 9).
     c. Tercero, comenzando en el versículo 13 tenemos la visión donde Daniel ve a uno semejante a un hijo de hombre que viene con las nubes del cielo.
   - Ya hemos discutido la primera visión concerniente a las cuatro bestias. Hay dos visiones que ve Daniel sobre la consumación de los tiempos. Buscaremos la verdad de las dos personalidades presentadas aquí, es decir, el Anciano de días y el hijo de hombre.

- La identificación de la persona llamada "hijo de hombre" en la tercera visión, comenzando con el versículo 13, es la más clara. Él es el Cristo encarnado. Esto es cierto aquí en el libro de Daniel al igual que lo es en Mateo 24 y en Apocalipsis 1:13; 14:14. El hijo de hombre es identificado como Jesús en su venida gloriosa para reinar sobre la tierra. Él desciende con las nubes.
- Pero, ¿quién es el Anciano de días? Necesitaremos la interpretación del Espíritu Santo para entender todo esto. Prestemos mucha atención mientras intento describir la terminología de cómo escribió Dios el libro de Daniel.
- El Anciano de días está descrito en su persona y en su propósito. Viene para juicio, y leemos en el versículo 10: *"el Juez se sentó, y los libros fueron abiertos"*.
- Cuando leemos el pasaje, la primera respuesta natural es que el Anciano de días no es otro que Dios mismo, Dios Padre. Pero ¿puede ser cierto?
- Veamos el texto con más atención. En la visión, el Anciano de días está descrito de forma personal. Daniel vio cómo se veía en el versículo 9. En la visión también se dice que este Anciano de días ha venido para juicio (véase versículo 10). Sin embargo, si intentamos describir a Dios Padre de una forma personal, y si los libros se abren para juicio, entonces estas dos delineaciones se niegan categóricamente con respecto a Dios Padre en la Biblia.
- Indaguemos aquí por un instante. No hay ninguna descripción de Dios en la Biblia.
    a. Primera de Timoteo 6:16 dice que Dios habita en la luz a la que ningún hombre puede acceder, *"a quien ninguno de los hombres ha visto ni puede ver"*.
    b. Colosenses 1:15 indica que Dios es invisible.
    c. La Biblia dice: *"A Dios nadie le vio jamás"* (Juan 1:18; 1 Juan 4:12). No es posible que el ojo humano mire su esencia. Por lo tanto, no hay imagen, ni retrato, ni descripción de un Dios físico en la Biblia. Dios es siempre espíritu.
- Tampoco hay descripción alguna del Espíritu Santo en la Biblia. ¿Cómo se usaría el lenguaje humano para describir al Espíritu Santo?
    a. El tema, la persona, la esencia es indescifrable. La representación no se puede expresar con palabras. No hay hombre que haya visto jamás a Dios.
    b. Moisés le pidió a Dios que le mostrara su gloria (véase Éxodo 33:18). El Señor respondió: "Ningún hombre me verá y seguirá vivo. Pero te pondré en la grieta de una roca y te cubriré ahí mientras pasa mi gloria" (véase versículos 20–22). Así que Dios puso a Moisés sobre la hendidura de la roca y lo cubrió allí con su mano, y cuando la gloria del Señor pasó, el Señor quitó su mano y Moisés vio el resplandor, el crepúsculo de la presencia de Dios (véase versículo 23). Ningún hombre puede ver el rostro de Dios y vivir.

- Otro pensamiento que debemos considerar aquí sobre el Anciano de días: no solo está descrito personalmente, es decir, su apariencia (véase versículo 9), sino que también el texto manifiesta que ha venido para juicio, y los libros son abiertos.
    a. En el Evangelio de Juan, Jesús dice claramente: "*Porque el Padre a nadie juzga, sino que todo el juicio dio al Hijo*" (Juan 5:22).
    b. Jesús está descrito en la Biblia, pero no es así con Dios Padre. Él viene para juicio, pero el juicio le pertenece solo a Cristo.
    c. Segunda de Corintios 5:10 afirma: "*Porque es necesario que todos nosotros comparezcamos ante el tribunal de Cristo*". La palabra para "*tribunal*" es "bema". Todos compareceremos en un *bema*, el tribunal de Cristo, si somos cristianos.
- ¿Quién es entonces este Anciano de días, que está descrito aquí y viene para juicio?
- La respuesta, según la Palabra del Señor, es muy simple. Esta visión del Anciano de días es una teofanía, una supuesta apariencia visible de Dios, una manifestación de alguna forma de un ser sobrenatural. Este Anciano de días no es otro que Jesús, Jehová, el Señor Dios: una manifestación del Cristo preencarnado.
- Veamos algunos ejemplos más.
    a. En el año en que murió el rey Uzías, el profeta Isaías vio al Señor "*sentado sobre un trono alto y sublime, y sus faldas llenaban el templo*" (Isaías 6:1).
    b. Después, en Juan 12:41–45, Jesús se refiere a lo mismo cuando dice que cuando Isaías vio al Señor alto y sublime, vio al Cristo mismo preencarnado. Con un lenguaje expreso, identifica esa apariencia de Jehová como una visión preencarnada de Jesucristo.
    c. Ezequiel describe una premanifestación de Jesús, una teofanía, en Ezequiel 1:26–28.
    d. En Daniel 3:25, el rey Nabucodonosor mira en el horno y ve cuatro siluetas en lugar de los tres hebreos que había echado en el fuego; "*y el aspecto del cuarto es semejante a hijo de los dioses*". Esta es otra premanifestación del Cristo encarnado.
- En nuestro texto, por lo tanto, aquí en el capítulo 7 de Daniel y repetido de forma más precisa en el capítulo 1 del libro de Apocalipsis, la visión es de alguien que es Dios manifestado en carne, justificado en el espíritu, visto por los ángeles, dado a conocer al mundo, predicado a los gentiles y recibido en gloria.
- El Anciano de días, "*cuyo vestido era blanco como la nieve, y el pelo de su cabeza como lana limpia*" (Daniel 7:9), se parece al hijo de hombre de pelo blanco descrito en Apocalipsis 1:13-14. Es casi imposible pensar en el Anciano de días como alguien distinto al Cristo encarnado y glorificado de Apocalipsis 1 y el Cristo preencarnado preteofánico del capítulo 7 del libro de Daniel. La visión es del mismo Señor, el Anciano de días, el Señor Cristo en su deidad esencial preencarnada.

- En la tercera visión, descrita en Daniel 7:13-14, vemos que el Señor Jesucristo "*con las nubes del cielo venía uno como un hijo de hombre, que vino hasta el Anciano de días, y le hicieron acercarse delante de él*". Esta escena es idéntica a Apocalipsis 5:6-10. Notaremos en el versículo 14 que todo el dominio, gloria y reino, y todo pueblo, nación y lengua le fueron dados a Él para servirle y para servir al reino que no será destruido.
- Ahora bien, quizá esté pensando: si el Anciano de días es el Señor Jesucristo, y si el hijo de hombre es el Señor Jesucristo, ¿qué significa esto para nosotros? ¿Cómo lo explicamos?
- El Evangelio de Juan comienza con la tremenda declaración doctrinal: "*En el principio era el Verbo*" (Juan 1:1), que se refiere a Cristo. Después leemos: "*Todas las cosas por él fueron hechas, y sin él nada de lo que ha sido hecho, fue hecho*" (Juan 1:3). Ese versículo identifica al Verbo como el gran Creador en el principio.
- Por lo tanto, "*En el principio creó Dios los cielos y la tierra*" (Génesis 1:1), y "*En el principio era el Verbo*" (Juan 1:1). Todas las cosas fueron hechas por Él. La segunda gran parte de esta frase en Juan 1:1 dice, "*…y el Verbo era con Dios*", que quiere decir cara a cara con Dios.
- La idea se presenta de forma idéntica aquí en el capítulo 7 de Daniel: "*y se sentó un Anciano de días… y he aquí con las nubes del cielo venía uno como un hijo de hombre, que vino hasta el Anciano de días, y le hicieron acercarse delante de él*" (Daniel 7:9,13). Los dos están cara a cara; el término griego es *pros ton theon*. Ellos son *el Dios*, el Anciano de días, Dios preencarnado, el gran Jehová del antiguo pacto, y son iguales e idénticos porque la última frase de Juan 1:1 dice: "*…y el Verbo era Dios*".
- Más adelante en la historia de Cristo encontramos la gran declaración y confesión del apóstol Tomás cuando dice: "*¡Señor mío, y Dios mío!*" (Juan 20:28). Lo que comenzó como una doctrina teológica y expresión en Juan 1:1 se convierte en la gran afirmación de la experiencia cristiana en la exclamación de Tomás en Juan 20.
- Ya no es solo doctrina o solo palabras, sino que ahora está en el corazón humano. Es una experiencia humana de Jesús siendo Señor y Dios. Jesús fue llamado "Emanuel", que significa "Dios con nosotros" (véase Isaías 7:13-14; Mateo 1:23).
- Por lo tanto, en el Nuevo Testamento, siguiendo la historia del evangelio de la manifestación de Dios en la carne, se repite de forma decisiva, clara y lúcida la doctrina de la deidad de Cristo.
    a. Por ejemplo, Colosenses 2:9: "*Porque en él* [Jesús] *habita corporalmente toda la plenitud de la Deidad*".
    b. Tito 2:13: "*aguardando la esperanza bienaventurada y la manifestación gloriosa de nuestro gran Dios y Salvador Jesucristo*".
    c. Y nuevamente, Hebreos 1:3: "[Jesús] *siendo el resplandor de su* [Dios] *gloria, y la imagen misma de su sustancia…*".

d. El Señor le dijo a Felipe en Juan 14:9: *"El que me ha visto a mí, ha visto al Padre"*.

- ¿Cómo es Dios? ¿A qué es semejante la persona de Dios? ¿Cómo es la manifestación de Dios?
- Cristo es el resplandor de la gloria de Dios y la viva imagen de su persona. Él es Dios manifestado en carne. Hay mucho que podríamos decir sobre Jesús en el Antiguo Testamento, pero en este punto solo tenemos tiempo para decir esto: en el Antiguo Testamento, muchas veces encontramos una persona en un segundo plano sin delinear. A veces aparece en forma angelical, a veces en forma humana, pero siempre está presente. Hay unos treinta y cinco o cuarenta ejemplos que podríamos señalar, pero voy a dar una fórmula simple para utilizar.
- Viviendo en el Antiguo Testamento, a Jesús el Hijo de Dios preencarnado por lo general se le menciona como el Ángel de Jehová y en el Nuevo Testamento como Jesús el Cristo. Él viene de nuevo como el Hijo del Hombre en las nubes de gloria para recibir para sí mismo dominio, gloria y poder por siempre y siempre. Solo unos cuantos ejemplos:

  a. Génesis 31:11–13, donde el ángel de Dios le habla a Jacob y se llama el Dios de Betel.

  b. En el tercer capítulo de Éxodo, mientras Moisés está en el desierto, el ángel del Señor se le aparece en una llama de fuego en medio de una zarza. ¿Quién es este ángel que se llama a sí mismo Dios? Es el Cristo preencarnado.

  c. En Éxodo 23 el Señor Dios le dice a Moisés que enviará a un ángel para que lo lleve a un lugar donde Él quiere que vaya, *"porque mi nombre está en él"* (Éxodo 23:21), es decir, la esencia de Dios, la realidad de Dios, el poder de Dios está en ese ángel. ¿Quién es ese ángel? Es el Cristo preencarnado. Él se manifiesta a Abraham, a Moisés, a Isaías, a Ezequiel, a Nabucodonosor y a Daniel.

- Ahora bien, tardará unos seis meses en entender todo esto. Pero tan solo acéptelo por fe hasta este punto, y sepa que volveremos a ello después cuando estudiemos los últimos capítulos del libro de Daniel. Mientras tanto, volvamos a nuestro texto.

5. La venida del hijo de hombre (versículos 13–14)

   - A esto se le podría llamar la gran intervención de Dios en el transcurso de la historia humana. En Daniel 7, como en el segundo capítulo, vemos que hay siempre cuatro reinos mencionados, nunca un quinto. En el capítulo 7 vemos los diez cuernos de los que surge un cuerno separado, distinto y aparte de todos los demás. Recordando que Daniel es una profecía, cuando leemos Apocalipsis sabemos exactamente quién es este cuerno separado: el anticristo que será el último dictador mundial.
   - En medio de esa profecía del curso de la historia humana, Daniel ve la venida del Señor como una intervención poderosa en la vida de las naciones del mundo. En un abrir y cerrar de ojos, como la luz recorre la anchura del cielo, Él volverá. En esta Revelación del regreso de nuestro Señor, hay varias facetas que se describen de forma dramática y gráfica.

- Primero, su venida será para juicio, un hecho que hemos cubierto en la primera parte de este capítulo. Pero permítame mencionar solo estos detalles sobre el juicio:
    a. El capítulo 20 del libro de Ezequiel relata el juicio de Israel, la familia escogida de Dios.
    b. El capítulo 25 del Evangelio de Mateo dibuja el juicio de todos los gentiles de la tierra.
    c. El capítulo 5 de 2 Corintios describe el juicio de los cristianos.
    d. El capítulo 20 de Apocalipsis describe el gran trono blanco del juicio para todos los perdidos. Sí, el juicio está preparado y los libros son abiertos, según Daniel.
- Hay tres libros mencionados en la Biblia que son eternos.
    a. Uno es la misma Biblia (véase Isaías 40:8).
    b. En segundo lugar está el libro de la vida del Cordero, en el que están escritos los nombres de todos los que son herederos de la salvación (véase Apocalipsis 20:12).
    c. En tercer lugar están los libros de todos los que no se encontraron inscritos en el libro de la vida del Cordero (véase nuevamente Apocalipsis 20:12).
    d. Creo que hay un cuarto, y es el libro de las recompensas, en el que el Señor narra las obras de nuestras vidas y nos recompensa según lo que hayamos hecho en los días de nuestra carne (véase, por ejemplo, Mateo 16:27).
- Así, la venida de Cristo es para juicio, y también creo que la venida de Cristo es premilenial. Con esto quiero decir que Él vendrá al comienzo de los mil años de su reinado en la tierra.
- Nunca se presenta de ninguna otra forma en la Biblia. Si yo predico la Biblia, eso es lo que predico y enseño. Siempre está la venida de Cristo primero y después el establecimiento del reino.
- Lo encontramos aquí en Daniel capítulo 7. Primero está la venida del Anciano de días (versículo 9), después los miles de miles que se reúnen para ministrar delante de Él (versículo 10). Primero está la venida del hijo de hombre con las nubes del cielo, y después se le da el dominio universal (véase Daniel 7:13-14). Primero está la gran imagen cuyos diez dedos son golpeados por la roca cortada de las montañas sin mano, y después de eso está el crecimiento de la piedra para llenar la tierra, que es el reino de Dios (véase Daniel 2). Siempre es así.
- Siempre en la Biblia la venida del Señor es premilenial. Primero viene el Salvador, y después se establece el reino.
- Su venida también será una gran intervención. Si hay una cosa que los profetas nos enseñan, es que la restauración de la humanidad nunca se encuentra en sí misma, sino en un poder más allá de ella misma. Ese poder siempre es Dios.
- En la profecía de la consumación de los tiempos siempre está la intervención de Cristo en la historia humana. Notaremos que Daniel 7:9 dice: *"Estuve mirando hasta que fueron puestos tronos, y se sentó un Anciano de días"*.

- Lea Daniel 7:13-14 y después vaya a Apocalipsis 1:5-7. Encontrará la misma descripción del hijo de hombre con autoridad del reino. Daniel 2:34-35 describe el soplo destructivo que establece esos reinos y esos tronos, y Daniel 7 nos da la clara formación del reino bajo su dominio.
- Aún tenemos que llegar a la interpretación de todas estas cosas, pero Daniel siempre interpreta lo que ve.

6. La interpretación de la visión (versículos 15–28)
    - Siempre en el estudio de Daniel encontramos el problema primero, ya sea en un sueño o en una visión, y después la interpretación dada por el Espíritu Santo; y sucede así en el capítulo 7.
    - El Espíritu Santo envió a uno a decirle a Daniel la verdad sobre las visiones y le dio a conocer a Daniel la interpretación de las cosas que había visto en el versículo 16.
    - Las cuatro grandes bestias que vio eran los cuatro reyes o reinos que hemos estudiado en el capítulo 2 y de nuevo en el capítulo 7.
    - Es interesante notar que Daniel solo vio los cuatro reinos de Babilonia, Medo-Persia, Grecia y Roma. Al final del cuarto reino no se dice nada sobre la dispensación en la que vivimos.
    - Inmediatamente después de la interpretación de las cuatro bestias en el versículo 17, encontramos un cambio en la imagen, porque en el versículo 18 vemos inmediatamente que *"recibirán el reino los santos del Altísimo, y poseerán el reino hasta el siglo, eternamente y para siempre"*. Ahora bien, eso nos dice algo. Daniel salta directamente de la identidad de los cuatro reinos terrenales al reino de Dios.
    - La identidad de los santos en este versículo en concreto es importante. En el Nuevo Testamento, los "santos" son los pecadores que han sido declarados justos por su fe en Cristo (véase, por ejemplo, Romanos 1:7).
    - En Daniel 7:18, sin embargo, los santos se refiere a Israel, la reunión del remanente y todos los convertidos, porque la iglesia y la dispensación de este siglo nunca los menciona Daniel, ni ningún otro profeta del Antiguo Testamento, por cierto. Así que debemos recordar que Daniel no nos ve a nosotros, la era de la iglesia, o la dispensación de la gracia, sino que solo ve los cuatro reinos y el reino de los santos, que es Israel (véase también Efesios 3:5–10).
    - En la mayor parte de la explicación del capítulo 7, la mayor atención la recibe la cuarta bestia, que por supuesto es Roma. Y así, comenzando en el versículo 19, Daniel comienza a hablar sobre la cuarta bestia; en el versículo 20 él describe los diez cuernos que había en su cabeza y el otro cuerno, que es el anticristo, saliendo de los diez reinos, lo cual ya hemos estudiado previamente.
    - Daniel recibe la interpretación del sueño. Ve a los diez reinos salir de Roma, que es una fragmentación que quedó del antiguo imperio romano, y de los diez reinos sale el anticristo. Y después Daniel ve casi de inmediato este cuerno pequeño, el anticristo, haciendo guerra

contra los santos, y él *"los vencía"* (versículo 21), hasta que Cristo viene de nuevo y juzga a los *"santos del Altísimo; y llegó el tiempo, y los santos recibieron el reino"* (versículo 22). Esto hace referencia a la batalla de Armagedón.

- Daniel lo ve, pero no sabe lo que ve. El intérprete, el santo ser celestial que estaba de pie a su lado, le dice a Daniel exactamente lo que va a suceder. Pablo hace referencia a esto en Efesios 3, como lo hace Juan en el libro de Apocalipsis.
- ¿Se imagina usted cómo se sentiría Daniel en su tiempo al profetizar sobre las cosas que habían de acontecer? Incluso desde donde estamos nosotros, nos dijo qué esperar. Los diez cuernos del versículo 24 denotan la forma final y definitiva del cuarto reino. Los diez cuernos representan a diez reyes que evidentemente reinarán sobre el imperio romano cultural fragmentado. El cuerno pequeño que surge de entre los diez es realmente el undécimo rey, y vendrá con poder sometiendo a tres de los diez reyes, obteniendo así la mayoría del poder.
- En el versículo 25 notemos que este anticristo, el cuerno pequeño, *"hablará palabras contra el Altísimo, y a los santos del Altísimo quebrantará, y pensará en cambiar los tiempos y la ley* [es decir, sus días de fiesta y sus requisitos legales]*; y serán entregados en su mano* [estar bajo su sumisión] *hasta tiempo, y tiempos, y medio tiempo"*. Esto significa que el anticristo reinará durante tres años y medio, lo cual corresponde a los cuarenta y dos meses especificados en Apocalipsis 11:2 y 13:5. También corresponde a los 1.260 días mencionados en Apocalipsis 11:3 y 12:6. Así, el cuerno pequeño provocará un gran caos entre los santos de Dios hasta que el Anciano de días, el hijo de hombre, Jesucristo, venga.
- Daniel vio solo un período de verdadera devastación, pero vio que el gobierno del reino va a los santos de Dios, lo cual significa los últimos tres años y medio de la gran tribulación. Con la interpretación dada a Daniel por el ser celestial, sigue estando afectado porque no puede prever el final del tiempo como lo podemos ver durante este tiempo en particular; y por lo tanto, está afectado pero está contento. El estudio de la profecía en este tiempo no es para gratificar la curiosidad ociosa o el vano conocimiento. Más bien, el estudio cuidadoso y meditativo de la Escritura profética tendrá un efecto transformador sobre la vida de las personas si saben lo que va a suceder.

¿Cuânto recuerda?

1. ¿Cómo llamaban los escribas de antaño el capítulo 7 de Daniel?
2. Distinga las tres visiones distintas que tuvo Daniel y que están narradas en este capítulo.
3. ¿Cuál es la identidad del "Anciano de días" que vio Daniel?
4. ¿Qué dos características clave identificarán la venida del Señor, según este capítulo?

Su tarea para la prôxima semana

1. Lea Daniel 8.
2. Repase sus notas de esta lección.
3. Subraye y marque su Biblia.

Notas de la Lección 9

DANIEL 8

Lección 10
DANIEL 8

1. Algunos detalles sobre el trasfondo

 - Parece como si cada capítulo del libro de Daniel tuviera su propio comienzo y final particular, pero al leer todo el libro, un capítulo añade algunos detalles más a los del capítulo anterior.
 - Aunque hemos estudiado el imperio medo-persa y el imperio griego en el capítulo 2 y de nuevo en el capítulo 7, el Señor le dio a Daniel otra visión aquí en el capítulo 8, que se describe como los imperios del carnero y del macho cabrío, o una profecía de estos dos reinos puesta bajo un microscopio. Esto nos da una visión magnificada del conflicto entre el segundo y el tercer imperio mundial, una batalla entre oriente y occidente, Asia y Europa.
 - Esta batalla tuvo repercusiones tremendas para la nación de Israel, y se nos da aquí otro nombre autorizado: "cuerno pequeño". Este cuerno pequeño se cumplió en el capítulo 8 en la persona de Antíoco Epífanes, quien fue un gran perseguidor de los judíos. Los masacró como animales y profanó el altar del templo, como veremos en nuestro estudio. Cuando hablo del "cuerno pequeño" en el capítulo 8, estoy hablando de la persona de Antíoco Epífanes, quien fue un tipo del último y definitivo anticristo. ¿Cómo sé todo esto? Porque leí primero la visión narrada en Daniel 8:1-14.

- Tras ver esta visión, Daniel vio la aparición de un hombre y oyó una voz en una experiencia que fue una teofanía. Este hombre habló y dijo: *"Gabriel, enseña a éste la visión"* (Daniel 8:16). Y entonces Gabriel le interpretó la visión a Daniel. ¿Qué mejor interpretación podríamos tener? La interpretación se nos da en Daniel 8:15-27.

2. La visión del carnero y el macho cabrío (versículos 1–14)
   - *"En el año tercero del reinado del rey Belsasar"* (versículo 1) sitúa esta visión hacia el final del imperio babilónico porque Belsasar fue el último rey.
   - En la visión, Daniel se ve a sí mismo en Susa, la capital de Medo-Persia, que fue el segundo imperio mundial.
   - La visión, en cuanto a lo que cualquiera puede discernir, fue añadida sobre los capítulos 2 y 7 de Daniel para que Daniel fuera capaz de escribir los imperios que sucederían al imperio babilónico y rastrear también al cuerno pequeño. Vale la pena notar que, aunque las profecías de Isaías tienen que ver principalmente con Cristo, las visiones de Daniel tienen el propósito de revelar al anticristo.

3. El carnero con dos cuernos (versículos 3–4)
   - El carnero con dos cuernos se designa como Medo-Persia.
   - En el versículo 3 notaremos las palabras *"y el más alto creció después"* (versículo 3), lo cual significa que el monarca persa obtuvo poder y creció más después del imperio de los medos.
   - Persia amplió el imperio de Babilonia más allá de sus fronteras originales. El imperio medo-persa, representado en el capítulo 7 por el oso con las tres costillas en su boca, estaba compuesto por otros tres antiguos imperios. Persia no se adentró más en el Lejano Oriente, sino que en vez de eso avanzó en las otras tres direcciones: norte, oeste y sur. Los persas estaban motivados por el espíritu de conquista.

4. El macho cabrío, con un cuerno dominante, destruye al carnero (versículos 5–7)
   - Mientras Daniel se maravillaba del poder y la capacidad del carnero, un macho cabrío viene del oeste con gran movimiento y un cuerno dominante.
   - Este macho cabrío representa a Grecia, y el cuerno tipifica a Alejandro Magno, el primer rey del imperio griego.
   - La historia nos dice que Alejandro Magno comenzó su expedición a Asia en el año 334 a. C., y fue tan poderoso contra una gran ciudad tras otras que literalmente abrumó al imperio medo-persa. Esta es una de las maravillas de la historia. Alejandro destruyó por completo el poder de Persia y se convirtió en un gobernante mundial, controlando tres continentes. Ni Babilonia ni Medo-Persia habían conseguido un territorio tan extenso.

5. El cuerno dominante se rompe y surgen cuatro cuernos (versículos 8–14)

- El gran cuerno ya ha sido identificado como representando a Alejandro Magno. Alejandro había extendido las fronteras de su imperio hasta Egipto e India, y se retiró a Babilonia, la cual escogió como la capital de su vasto imperio.
- Se dice que se sentó y lloró porque no había más mundos que conquistar.
- En medio de su vasto proyecto, le entró una fiebre después de una noche bebiendo, y murió en Babilonia en el año 323 a. C. a la edad de treinta y tres años. Así, *"estando en su mayor fuerza, aquel gran cuerno fue quebrado"* (Daniel 8:8). Los cuatro cuernos notables corresponden a las cuatro cabezas de la tercera bestia en Daniel 7:6. Estos fueron los cuatro generales que se dividieron el imperio de Alejandro; uno tomó Macedonia y Grecia, otro tomó Asia Menor, un tercero tomó el Oriente Medio y el cuarto tomó Mesopotamia, Persia y parte de India.
- En el versículo 9 vemos que el cuerno pequeño de este capítulo no es el mismo que el que se describe en el capítulo 7 de Daniel.
    a. El cuerno pequeño en Daniel 7 surge del cuarto reino, que es un tipo del anticristo, porque es el último reino.
    b. Aquí, el cuerno pequeño sale del tercer reino.
    c. Este cuerno pequeño es histórico, mientras que el cuerno pequeño del capítulo 7 ha de ser revelado en el futuro, siendo por lo tanto profético.
    d. El cuerno pequeño que estamos viendo ahora salió de Siria de la dinastía seleúcida. Fue Antíoco Epífanes, a veces llamado "el loco", quien llegó al trono en el 175 a. C. y continuó como rey hasta el 164 a. C. El relato de su ataque a Jerusalén se narra en el capítulo 1 del primer libro de los Macabeos, que es un relato profético e histórico de algunos de estos personajes. Antisemita hasta los huesos, intentó exterminar a los judíos. Asoló Jerusalén, profanó el templo y mató a los judíos como si fueran animales. Puso una imagen de Júpiter en el Lugar Santo, que fue la primera *"abominación desoladora"* (Mateo 24:15; Marcos 13:14; véase también Daniel 9:27). Antíoco Epífanes luchó contra Egipto en el sur, y después se movió hacia el este, avanzando hasta Palestina, *"la tierra gloriosa"* (Daniel 8:9).
- El versículo 10 parece ser difícil de entender, incluso para un teólogo como C. I. Scofield.
- La interpretación natural es que Antíoco desafió a Dios y se le permitió capturar Jerusalén y el templo. Una verdadera demostración del poder demoníaco se muestra mediante algunos de los hechos de este cuerno pequeño. Y fue el poder del bien y del mal, de ángeles o de las huestes celestiales contra demonios.
- En el versículo 11 encontramos que *"se engrandeció contra el príncipe de los ejércitos"*. Antíoco era devoto del dios romano Júpiter, y puede que incluso pensara de sí mismo que era una encarnación porque escogió el título para sí mismo, que significa "Dios se manifiesta". Hizo que

los sacrificios de la mañana y de la tarde de los judíos se suspendieran, retiró el altar de los holocaustos, y convirtió el templo en un santuario de Júpiter.

- En el versículo 12 vemos que fue mediante la voluntad de Dios permisiva que el cuerno pequeño actuó y prosperó. La razón por la que Dios lo permitió fue *"a causa de la prevaricación"*, es decir, por el pecado nacional de Israel. El remanente que regresó a la tierra no regresó a Dios.
- La frase *"echó por tierra la verdad"* es obviamente una referencia al esfuerzo de Antíoco de destruir todas las copias del Antiguo Testamento.
- En el versículo 13 Daniel escucha una conversación entre dos santos o "santificados", que evidentemente están angustiados de que se le haya dado tanta libertad al cuerno pequeño. Esta profanación del templo se denomina aquí *"prevaricación asoladora"*.
- Y después llegamos al versículo 14, que es uno de los versículos más difíciles y a la vez uno de los más interesantes de toda la Biblia: *"Y él dijo: Hasta dos mil trescientas tardes y mañanas; luego el santuario será purificado"*.
- Se han producido muchos malentendidos a consecuencia de este número por la teoría no bíblica del "año-día", mediante la cual algunos nos han querido hacer creer que tenemos que contar un año por cada día.
    a. Según esa estimación, por supuesto significaría que el santuario sería pisoteado durante 2.300 años.
    b. Sin embargo, ese período de tiempo ya ha pasado y, evidentemente, nada ha ocurrido.
    c. Por lo tanto, vamos a la historia misma y encontramos que no tenemos el registro en la Biblia específicamente, pero por la historia contemporánea y por el primer libro de los Macabeos, uno de los libros apócrifos, sabemos que Judas Macabeo y su hermano subieron tres años y medio después de esta profanación del templo y del altar, y libraron a la nación de Israel de este terrible rey. Encontramos que el período de tiempo desde que el templo fue profanado y Antíoco Epífanes sacrificó un cerdo sobre el altar de Jerusalén, hasta la liberación de Jerusalén bajo Judas Macabeo, fue exactamente de 2.300 días. Por lo tanto, tenemos un cumplimiento de la profecía, y no puede ser en el futuro excepto solo en tipo y sombra.
    d. Hacer que un día signifique un año nos llevaría a todo tipo de sinsentidos y malentendidos. Si tomáramos ese camino, tendríamos que creer que la creación no fue en seis días literales, sino en cambio en seis años literales. También deberíamos suponer que la locura de Nabucodonosor, que duró siete años, habría durado siglos. Todo tipo de malentendidos resultan cuando nos apartamos de la interpretación simple y literal de la Palabra de Dios. Así que tenemos en este versículo de Daniel la sencilla declaración de que el reinado de terror del cuerno pequeño que surgió del imperio griego duraría exactamente 2.300 días, que es un asunto histórico que no se puede negar.

- Si los 2.300 días se toman como días literales de 24 horas, como creemos, entonces es un período de poco más de seis años. Esto se aproxima al período de tiempo entre que Antíoco comenzó sus atrocidades y el sacerdote Judas Macabeo, llamado "el martillo", expulsó al ejército sirio, tiempo en el cual el templo fue limpiado y rededicado. La limpieza del templo y el regreso de la adoración allí lo sigue celebrando el pueblo judío durante Hanuka, o la fiesta de las Luces.

6. El significado de la visión del carnero y del macho cabrío (versículos 15–27)

   - Los versículos 15-16 nos revelan la forma que tiene Dios de asegurarse que Daniel entendiera lo que había visto en la visión. Dios envía al ángel Gabriel como intérprete. ¿Qué mejor intérprete podría uno tener? (Aprenderemos más sobre Gabriel en nuestra lección sobre el capítulo 9). Esta es nuestra primera introducción a Gabriel. Lo que le dijo a Daniel debió haber sido perfectamente claro para él, y será igual para nosotros si nos ponemos en el lugar de Daniel.
   - En el versículo 17 Gabriel se acerca a Daniel mientras está sobre su rostro delante de Dios, y Gabriel dice: *"Entiende, hijo de hombre, porque la visión es para el tiempo del fin"*. Nosotros interpretaríamos esto como una profecía directa con respecto al fin de los tiempos, y lo es; pero es un tipo, una sombra de cosas al final de los tiempos, porque leemos después en este capítulo que Gabriel está interpretando el sueño a Daniel, y usa los dos reinos de Medo-Persia y Grecia como nombres populares. Por lo tanto, sabemos que está hablando sobre algo que dibuja, o presagia, el final de los tiempos.
   - Gabriel deja claro que Antíoco Epífanes no es sino una imagen en miniatura del anticristo que ha de venir. *"El tiempo del fin"* (versículo 17) sitúa el cumplimiento completo en el anticristo antetipo, el "hombre de pecado", el cuerno pequeño, en el capítulo 7.
   - Esta profecía va más allá del futuro inmediato y se proyecta hacia el futuro distante. Antíoco es meramente un tipo del otro "cuerno pequeño" que saldrá al final de los tiempos de los gentiles. Esto queda abundantemente claro mediante el uso de las palabras en los siguientes tres versículos.
   - En el versículo 18 Daniel está sobre su rostro y dice que estaba en un sueño profundo cuando Gabriel lo tocó.
   - En el versículo 19 vemos que Gabriel pasa del cumplimiento local en Antíoco Epífanes al final del tiempo de los gentiles cuando dice: *"He aquí yo te enseñaré lo que ha de venir al fin de la ira"*.
   - Sabemos que está hablando sobre el tiempo del reinado de Medo-Persia y Grecia por los versículos 20-21, donde identifica al carnero como Medo-Persia, al macho cabrío como Grecia, y al cuerno grande entre sus ojos como el primer rey, o Alejandro Magno.
   - En el versículo 22 los cuatro que se levantaron son los cuatro generales de los que hablamos antes y que se dividieron el imperio de Alejandro Magno. El cuerno pequeño, Antíoco Epífanes, salió de uno de ellos.

- En el versículo 23, cuando Gabriel hace referencia a *"un rey altivo de rostro y entendido en enigmas"*, está hablando sobre los tiempos postreros de los cuatro reinos mencionados en el versículo 22. Esta es una referencia directa a Antíoco Epífanes. La única explicación adecuada de este versículo y de los hechos de la historia es que este hombre estaba poseído por un demonio. En esto también hay una imagen del anticristo que vendrá.
- Recordemos que Antíoco Epífanes fue el símbolo o imagen más preciso de lo que será el anticristo, como se describe en Apocalipsis 13:13-15. La descripción de Antíoco apenas si se toca aquí en el capítulo 8, pero se cubrirá con más detalle en Daniel 11. Esta descripción en los capítulos 8 y 11 tiene que ver con una trágica era de persecución en la vida de Israel que terminó hace años. Se presenta en la Biblia con meticuloso detalle porque Antíoco es una imagen de un anticristo final. Si quiere saber cómo será el anticristo y lo que hará, solo tiene que leer la vida de Antíoco Epífanes.
- Una pequeña historia que quizá quiera recordar es esta: Antíoco Epífanes es el mismo que Antíoco IV, el octavo en la larga lista de los seléucidas que gobernaron Siria y construyeron su capital en Antioquía, una ciudad capital nombrada por Seleuco I en honor a su padre Antíoco.
- En el versículo 24 leemos que este tipo del anticristo *"prosperará, y hará arbitrariamente, y destruirá a los fuertes y al pueblo de los santos* [Israel]". La matanza de estas personas a manos de este hombre es casi insoportable; sin embargo, permítame destacar de nuevo que es meramente un tipo del que se describe en Apocalipsis 13.
- En el versículo 25 vemos otro pensamiento en referencia a prosperar y cómo él destruyó a muchos. Antíoco Epífanes fue un tipo borroso del anticristo final. Él hará cuatro cosas en los últimos tiempos que aquí se tocan ligeramente:
    a. *"Hará prosperar el engaño en su mano"*. Leemos en Apocalipsis 13:17: *"y que ninguno pudiese comprar ni vender, sino el que tuviese la marca o el nombre de la bestia, o el número de su nombre"*. En otras palabras, el anticristo controlará la economía.
    b. *"Y en su corazón se engrandecerá"*. Esta frase se corresponde con Apocalipsis 13:4–5, 12. La humildad no es una característica del anticristo. Es orgulloso como Satanás.
    c. *"Y sin aviso destruirá a muchos"*. Este aspecto del anticristo se corresponde con lo que está escrito en 1 Tesalonicenses 5:2–3 y Apocalipsis 6:2. Él entra como un cordero y sale como un león.
    d. *"Y se levantará contra el Príncipe de los príncipes"*. En otras palabras, se opondrá y luchará contra Cristo. Esta profecía se corresponde con Apocalipsis 13:7–8.
- Igual que Antíoco fue destruido y llegó a su fin, también será destruido el anticristo, como leemos en Apocalipsis 19:20.
- Al final de este capítulo, Daniel se ve a sí mismo como un enfermo, diciendo: *"Y yo Daniel quedé quebrantado, y estuve enfermo algunos días"* (Daniel 8:27). Sin embargo, *"y cuando convalecí,*

atendí los negocios del rey"; es decir, Daniel se ocupó de las cosas del Señor. Esta visión tuvo unos efectos físicos y psicológicos devastadores sobre Daniel, pero fue necesario para él tener esta experiencia para entender lo que ocurriría en el capítulo 9.

¿Cuánto recuerda?

1. Mientras que las profecías de Isaías tienen que ver principalmente con Cristo, ¿cuál es el propósito principal de las visiones de Daniel?
2. ¿Quién está representado por el "cuerno pequeño" de Daniel 8? ¿Y de quién es un tipo?
3. ¿Quién está representado por el "cuerno grande"?
4. ¿Qué ángel se nos presenta por primera vez en Daniel 8?
5. ¿Qué cuatro acciones o atributos futuros del anticristo están ilustrados en Daniel 8:25?

Su tarea para la próxima semana

1. Lea Daniel 9.
2. Repase sus notas de esta semana.
3. Subraye y marque su Biblia.

Notas de la Lección 10

DANIEL 9

Lección 11
DANIEL 9

El capítulo 9 de Daniel es uno de los capítulos destacados de la Biblia, la clave misma de la revelación profética escrita en la Palabra de Dios. Sin él, gran parte de las partes proféticas de las Santas Escrituras estarían oscurecidas y casi fuera de la vista para todos nosotros.

1. La vida de oración de Daniel (versículos 1–5, 7, 17–19)
   - Antes de llegar a la revelación profética en la segunda mitad de este capítulo, veamos la maravillosa vida de oración confesional intercesora de Daniel.
   - Observemos estas palabras en el versículo 2: "*en el año primero de su reinado* [de Darío], *yo Daniel miré atentamente en los libros el número de los años de que habló Jehová al profeta Jeremías, que habían de cumplirse las desolaciones de Jerusalén en setenta años*". Ahora bien, para que podamos entender toda la parte profética del capítulo 9 de Daniel, es absolutamente necesario que entendamos también esta parte.
   - Verá, Daniel estaba leyendo los capítulos 25 y 28 de la profecía de Jeremías. En esas profecías, Jeremías dice que el Señor dejará el templo y la ciudad en desolación durante setenta años, pero después, el Señor se acordará de su pueblo de nuevo con misericordia, y tendrán la oportunidad de regresar a casa.

- Cuando Daniel estudiaba estas profecías, no era capaz de fijar el tiempo exacto, o el año en concreto, en el que comenzarían los setenta años. Si el Señor los hubiera contado desde el tiempo en que Daniel mismo fue a la cautividad babilónica, entonces los setenta años habrían comenzado en el primer año del reinado de Darío. Daniel fue llevado a la cautividad en el año 605 a. C., y este primer año de Darío es el 535 a. C. Daniel había estado cautivo durante setenta años cuando leyó en la Biblia que al final de los años proféticos, Dios visitaría a su pueblo y les permitiría regresar a casa. Pero Daniel no sabía si fue al principio del año de su cautiverio, o si podría haber sido al principio de algún otro evento. Lo único que sabía, según la profecía de Jeremías, era que llegaría pronto el tiempo en el que la cautividad se terminaría y el pueblo escogido de Dios podría regresar a casa.
- Por lo tanto, después de leer los libros Daniel comenzó a orar, y oró como si él hubiera sido el hombre más pecador del mundo, aunque probablemente era uno de los hombres más piadosos que jamás haya pisado esta tierra. Podemos aprender mucho de esta oración de Daniel.
- Ahora vayamos a Jeremías 25:11-12. Aquí hay una declaración profética muy precisa hecha hace mucho tiempo antes de que realmente se cumpliera: que después de setenta años de cautiverio, el Señor haría regresar a Judá de nuevo a su propia tierra. Esto era una confirmación de otra profecía dada hacía mucho tiempo atrás en el libro de Levítico, incluso antes de que Israel hubiera entrado en la tierra. Este pasaje era sin duda alguna uno que Daniel también había leído y había considerado con mucho cuidado.
- En este interesante pasaje dado por Moisés en Levítico, tenemos la siguiente profecía:

> *Y a vosotros os esparciré entre las naciones, y desenvainaré espada en pos de vosotros; y vuestra tierra estará asolada, y desiertas vuestras ciudades. Entonces la tierra gozará sus días de reposo, todos los días que esté asolada, mientras vosotros estéis en la tierra de vuestros enemigos; la tierra descansará entonces y gozará sus días de reposo.*
>
> (Levítico 26:33–34)

a. Pertenece a la historia y a los registros que los hijos de Israel habían estado en la tierra de Palestina desde la ocupación de la tierra hasta el tiempo de la cautividad exactamente 490 años. Eso era setenta veces siete, un número que haríamos bien en recordar en nuestro estudio de las setenta semanas de Daniel.

b. El Señor había ordenado a Israel que un año de cada siete debía ser santo para el Señor, un año en el que no debían cultivar sus tierras sino permitir que creciera por sí solo lo que diera la tierra. El Señor prometió que les daría suficiente con los seis primeros años para sostenerlos durante el séptimo año e incluso el octavo. Este era el propósito de Dios con respecto al año sabático. Cada siete años sería un año sabático para el Señor. Pero la nación, en su avaricia y su incredulidad, rehusó guardar este año sabático, y así durante 490 años no dejaron descansar la tierra durante un año cada siete años, sino que la cultivaron de forma continua. Como resultado, al final de los 490 años la tierra estaba desolada, seca de su fertilidad, y Dios dijo que llevaría a los hijos de Israel a una tierra extraña hasta que se completaran todos los años sabáticos que ellos no habían guardado. Ese es el significado del pasaje de Levítico que dice: *"Entonces la tierra gozará sus días de reposo, todos los días que esté asolada, mientras vosotros estéis en la tierra de vuestros enemigos"* (Levítico 26:34).

c. No cabe duda de que Daniel reconoció que estos setenta largos años ahora estaban a punto de terminar. Que esta es la razón es evidente según Levítico 26:35, donde leemos: *"Todo el tiempo que esté asolada, descansará por lo que no reposó en los días de reposo cuando habitabais en ella"*.

d. Daniel sabía por el estudio de las Escrituras que se habían determinado setenta años sobre Jerusalén, y al final de los setenta años sería el momento de regresar de nuevo a la Tierra Prometida y a la adoración en Jerusalén.

- Es importante recordar que Dios en sus tratos con Israel trata en setenta semanas de años:
  a. Desde Abraham a Canaán 490 años.
  b. Desde Josué (posesión de la tierra) hasta el establecimiento del reino de Israel fueron 490 años.
  c. Desde el comienzo del reino de Israel hasta la cautividad fueron 490 años.
  d. Desde el regreso de la cautividad hasta el final de los tratos de Dios con Israel serían, según Daniel 9:24, otros 490 años.
- Me alegra que quede constancia de que Daniel estudiaba la Palabra de Dios. Nos indica que Daniel vivía por la Palabra, oraba según la Palabra y confiaba en Dios, incluso cuando hacerlo era difícil.
- Hay otra cosa que es evidente aquí, y es el hecho de que, aunque Daniel creía en el programa y propósito soberanos de Dios, aunque creía que al final de los setenta años Dios cumpliría su promesa, aun así, Daniel no era fatalista. No se sentó y dijo que lo que tenga que suceder está predestinado, y como todo ya está planeado no hay nada que hacer. Daniel vio el programa, e incluso aunque creía que era el programa invariable de Dios, de inmediato comenzó a hacer algo al respecto. Comenzó a orar. Creo que esto nos enseña que debiéramos hacer hincapié en la parte que nosotros debemos llevar a cabo en respuesta al programa de Dios. El programa de Dios está fijado y es invariable, pero aun así tenemos una responsabilidad.
- No aceptar tanto la voluntad soberana de Dios como la responsabilidad del hombre ha provocado una visión fatalista de la vida, incluso entre los que profesan seguir al Señor. Hay algunos que solo ven la soberanía de Dios y no la responsabilidad del hombre, pero ambas cosas se ven en la Biblia. Quizá no podamos entenderlo, pero se espera que lo creamos. Ver solamente la parte de Dios e ignorar la nuestra puede llevarnos solamente a un fatalismo que no es bíblico.

- Como resultado del estudio de la Palabra de Dios, se le reveló a Daniel la causa del apuro de su nación, es decir, el pecado. Entonces Dios le reveló a Daniel un plan de redención para la nación según lo que Él había dicho a través de los profetas de antaño.
- En primer lugar, notemos que Daniel tuvo una revelación de su pecado y, como resultado, comenzó a orar. Esto debería enseñarnos que Dios no escuda a sus santos, ni justifica a los pecadores. En el Antiguo Testamento leemos que Noé era un hombre bueno y piadoso, y sin embargo pecó. Abraham era un hombre bueno y piadoso, y sin embargo pecó. Todos los personajes del Antiguo y del Nuevo Testamento cuentan la misma historia.
- Ahora llegamos a una parte de Daniel que da la respuesta de Dios a su oración. En los versículos 20-23 leemos algo inusual: la respuesta a la oración del profeta llegó de inmediato. Mientras Daniel estaba hablando, orando y confesando su pecado y el de Israel, Dios envió al ángel Gabriel. El papel que desempeña el ángel Gabriel en el reino de Dios es de lo más fascinante. Su nombre significa "el hombre de Dios". Dios envió a Gabriel mientras Daniel estaba aún orando para que Dios oyera su oración y respondiera a su súplica.
- Se menciona a Gabriel cuatro veces en las Escrituras.
  a. En Daniel 8:16 le explica al hombre de estado, Daniel, la visión del carnero y el macho cabrío.
  b. Aquí en Daniel 9:21 se le vuelve a mencionar.
  c. Se le menciona una tercera vez en Lucas 1:19 cuando es enviado a anunciar a Zacarías y Elisabet el inminente nacimiento de Juan el Bautista.
  d. Se le menciona una cuarta vez en Lucas 1:26 cuando es enviado a María en Nazaret de Galilea para anunciarle la concepción del Hijo de Dios en su vientre.
- Este Gabriel es uno de los mensajeros del cielo que está en la presencia de Jehová Dios. El ángel anuncia a Daniel que, al comienzo de su súplica, Dios le dio a Gabriel la orden de llevar a la tierra la respuesta celestial. Es como Dios prometió en Isaías 65:24: "*Y antes que clamen, responderé yo; mientras aún hablan, yo habré oído*".
- Mientras Daniel está hablando y haciendo súplicas al comienzo de su oración, la orden salió del trono celestial.
- Podemos aprender algunas lecciones de la vida de oración de Daniel. En primer lugar, Daniel tenía poder celestial. ¿Cómo tocó Daniel el corazón de Dios? La oración de Daniel, pienso yo, nos muestra algunas de las razones. Daniel oraba en la voluntad y el propósito de Dios, y confesaba su propio pecado personal así como el pecado del pueblo. Al comienzo de su súplica, mientras aún estaba hablando la orden salió, y la oración de Daniel fue respondida de inmediato.
- También vemos que Daniel oró con intensidad porque "volvió su rostro" hacia el Señor (véase versículo 3). No tengo ninguna objeción hacia las oraciones hechas con palabras bonitas, pero

quiero destacar que las oraciones que mueven a Dios son las que están compuestas por frases rotas, que nacen de corazones rotos. En ese diluvio de sentimiento no hay señales de palabras o estructura gramatical elocuentes. Deberíamos ser como Daniel, orando con toda intensidad y volviendo nuestros rostros hacia el Señor diciendo: "Señor, perdóname".

2. Las setenta semanas de Daniel (versículo 24)

   - La revelación divina que el ángel Gabriel le llevó a Daniel es la revelación que he descrito y describiré como la clave de todas las demás profecías de la Biblia.
   - En esta revelación, Gabriel le lleva a Daniel un mensaje de Dios en el cielo que tiene un tiempo establecido para la llegada del Rey y el reino milenial del Mesías. Hay un tiempo establecido para que comience el período, y hay un tiempo establecido para que ese período termine. Se nos da en la Escritura un tiempo de comienzo, y se nos da también un tiempo para la consumación, o un tiempo del fin. Entre estos dos hay un período de 490 años. Gabriel los revela y la Escritura los interpreta, al menos en la versión Reina Valera, como setenta semanas. Son setenta grupos de siete cosas, setenta sietes si lo tradujéramos adecuadamente. Por lo tanto, cuando la Biblia habla de setenta semanas, este marco de tiempo se traduce apropiadamente como "setenta sietes".
   - El punto de inicio de todo esto, dice Gabriel, es "*desde la salida de la orden para restaurar y edificar a Jerusalén*" (Daniel 9:25). Estas palabras son muy importantes, como veremos. El final de los 490 años es el reino milenial descrito en el versículo 24, el cual pone fin a la historia de Israel y a la historia del mundo.
   - Veamos, por lo tanto, estos setenta sietes.

3. El comienzo de las setenta semanas (versículo 25)

   - Se especifica un tiempo de inicio: "*desde la salida de la orden para restaurar y edificar a Jerusalén*" (Daniel 9:25). Esa orden se encuentra fácilmente en la Biblia. Hay cuatro edictos sobre la reconstrucción de Jerusalén que se pueden ver en las Escrituras.

     a. El primero de estos cuatro edictos es el de Ciro en el año 536 a. C., el primero año de su reinado, cuando conquistó el reino babilónico. Este edicto de Ciro se presenta en el primer capítulo de Esdras, cuando al pueblo escogido se le permitió regresar a casa. Pero cuando leemos ese edicto, vemos que el decreto era el de construir la casa de Dios. Eso fue todo lo que los primeros exiliados se dispusieron a hacer, y nada más; por lo tanto, eso no es "edificar Jerusalén".

     b. Hay un segundo edicto de Darío en el capítulo 6 de Esdras, pero es solo una reiteración, una confirmación del decreto de Ciro, el anterior gobernante. Tenía que ver solo con la reconstrucción del santuario. Por lo tanto, esta no es la orden.

c. Hay un tercer decreto, dado en el año séptimo de Artajerjes I. Pero ese decreto, que se encuentra en el capítulo 7 de Esdras, cuando se lee en el contexto de todo el capítulo, tiene que ver solo con la reanudación de los servicios en el templo en Jerusalén.

d. Hay un cuarto decreto. Este fue dado en el año veinte del reinado de Artajerjes y se encuentra en el segundo capítulo de Nehemías comenzando en el versículo 1. A lo largo de este capítulo vemos que el rey le dio expresamente a Nehemías la autoridad para reedificar la ciudad, las murallas, las calles y los terraplenes, y volver a convertir a Jerusalén en una ciudad visible. Este es el decreto que cumple la profecía de Daniel, la cual habla sobre *"la orden para restaurar y edificar a Jerusalén"*. Es inusual que la fecha de esta orden se afirme meticulosamente y que se enfatice tanto. Es en el año veinte del rey persa Artajerjes I, el primer día del primer mes judío, el mes de Nisán, que es nuestro abril. Así, la orden profetizada fue decretada y comenzó la edificación de la ciudad, según nuestro calendario, en abril del año 445 a. C.

- Ese es nuestro punto de inicio de las setenta semanas: 445 a. C.

4. La división de las setenta semanas

- Daniel divide las setenta semanas en tres grupos. Primero hay siete sietes, o cuarenta y nueve años. Esto nos lleva al año 396 a. C.
- El ángel Gabriel reveló que, en cuarenta y nueve años, la ciudad sería reconstruida con murallas y todas sus partes. Esto realmente sucedió. Y aunque no se da a entender aquí, es interesante notar que tras cuarenta y nueve años desde la orden de restaurar la ciudad hasta que se terminan los siete sietes, llegamos al final de la profecía hebrea. El año 396 a. C. marca el final del ministerio de Malaquías y el sello y terminación del canon del Antiguo Testamento. Por lo tanto, los primeros siete sietes se completan con el fin de la profecía y la conclusión del canon del Antiguo Testamento.
- En segundo lugar, Daniel presenta el segundo grupo como sesenta y dos sietes. Esto es el equivalente a 434 años, lo cual marca el período de tiempo desde el año 396 a. C. hasta el 38 d. C.
- El calendario judío estaba basado en años lunares, según el movimiento de la luna. Nuestro calendario occidental está basado en años solares, según el movimiento del sol. Mientras que nuestro calendario tiene 365 días al año, el calendario judío tiene solo 360. Cada pocos años, los que siguen el calendario judío añaden un mes extra para estar al día con el calendario estacional. Cuando convertimos esos años desde el 396 a. C. hasta el 38 d. C., de años solares a años lunares, del calendario judío a nuestro calendario, perdemos varios años. De hecho, hay una diferencia de 2.170 días. Consideremos el hecho de que los judíos añaden un mes de vez en cuando para compensar sus estaciones, y tenemos así una pérdida de entre cinco y seis años. Así, el final de los 434 años mencionados en Daniel llegaría aproximadamente en el año 33 d. C. en lugar del 38 d. C. Cuando se estableció nuestro calendario occidental, el

año del nacimiento de Cristo se calculó mal. Ahora se sabe que nació entre el 2 y el 6 a. C. A los treinta y tres años de edad, cerca del 30 d. C., el Mesías fue cortado en un cumplimiento literal y exacto de Daniel 9:26. El Señor fue crucificado y murió, y poco después la ciudad fue destruida y el santuario aniquilado, una aniquilación que continúa hasta el presente.

- El último siete (grupo de siete) Daniel lo aparta por sí mismo. El primer siete de sietes terminó con la conclusión del ministerio profético del Antiguo Testamento. Los siguientes sesenta y dos sietes terminaron con la muerte de Cristo y, poco después, la destrucción de la ciudad y el santuario. Además de estos sesenta y nueve sietes hay otro siete que queda apartado por sí solo. Esta semana son los siete años de la tribulación, un evento que termina con la llegada de Cristo y el establecimiento de su reino milenial en la tierra.
- Ahora bien, cuando digo esto, cuando lo leo en la profecía, algunos pueden decir: "Nunca ha pasado algo así". Siete años después de la muerte de Cristo no se estableció ningún reino milenial, ni estamos ahora en el reino milenial. Han pasado más de dos mil años desde que el Mesías fue crucificado, y sin embargo el Señor Jesús no ha regresado. Sigue retrasando su venida. ¿Cuál es la respuesta a todo eso? ¿Qué ha ocurrido aquí en esta revelación que Gabriel le llevó al profeta Daniel?
- La respuesta en el estudio de la Biblia es muy clara y significativa.

5. El gran paréntesis

- Entre el siete número sesenta y nueve y el siete número setenta hay un gran paréntesis. Otra forma de decirlo es: "Entre la semana sesenta y nueve y la semana setenta hay una brecha". Hay un gran interludio, una gran interposición. Por eso el último siete se distingue de los otros sesenta y nueve. Ese interludio es el día de gracia, el día de la iglesia, el día en el que estamos ahora.
- ¿Por qué Daniel no lo puso en la revelación? ¿Por qué Gabriel no le habló de ello a Daniel?
- Porque Dios dijo expresamente al apóstol Pablo que la era de la iglesia, la era de la gracia, la dispensación en la que vivimos ahora era un secreto guardado en el corazón de Dios desde el comienzo del mundo (véase Efesios 3:1-6). Ningún profeta del Antiguo Testamento tuvo nunca ningún destello de la iglesia, y Daniel es un profeta del Antiguo Testamento. La iglesia tampoco fue revelada en el Antiguo Testamento. El Antiguo Testamento no vio, no predijo, no profetizó y no presagió a la iglesia. La iglesia era un secreto guardado en el corazón de Dios. Ningún profeta lo vio.
- A fin de entender la Biblia, uno no debe tomar las promesas dadas a Israel y aplicarlas a la iglesia. La iglesia no se encuentra en ningún lugar en el Antiguo Testamento. La iglesia e Israel son dos cosas distintas. El Antiguo Testamento no tiene nada incluido sobre la iglesia. La iglesia es una nueva creación; es una creación separada, distinta, única. Es un secreto que Dios guardó en su corazón hasta que se lo reveló a los santos apóstoles. Pablo diserta sobre

este misterio en el tercer capítulo de Efesios. Si ha de haber algún entendimiento de la revelación profética del futuro, uno tiene que recordar estas cosas que Dios ha dicho.

- La Biblia no habla a las mismas personas todo el tiempo.
  a. Por ejemplo, en 1 Corintios 10:32 Pablo divide a toda la humanidad en tres categorías: judíos, gentiles, y la iglesia de Dios. A veces, la Biblia está hablando a los judíos. La mayoría del Antiguo Testamento está dirigido al pueblo judío, o habla sobre su relación con los gentiles. Algunas veces, Dios habla a los gentiles en el Antiguo Testamento, pero no está hablando a la iglesia en el Antiguo Testamento. Solo en el Nuevo Testamento es donde Dios está hablando a la iglesia.

  b. Si alguien quiere encontrar la iglesia en la Biblia, debe mirar en el Nuevo Testamento. La iglesia fue algo escondido de los ojos de los profetas. Por eso la Biblia se convierte en una adivinanza para algunos, escondida y envuelta en un misterio. Algunos no ven cómo las Escrituras se entrelazan porque estas personas no aceptan lo que Dios dice y de la forma en que lo dice, sino que toman lo que el Señor dice y lo aplican a otra cosa.

  c. Voy a dar una ilustración de esta práctica. No en mi Biblia, sino en muchas, muchas Biblias, las notas editoriales están impresas en la parte superior de la página. Pensemos en esta nota editorial encontrada en una Biblia que he tomado prestada con respecto a Isaías 43: "La iglesia se consoló con las promesas de Dios". Ahora bien, esto es lo que Dios dice en el siguiente texto: *"Ahora, así dice Jehová, Creador tuyo, oh Jacob, y Formador tuyo, oh Israel: No temas, porque yo te redimí; te puse nombre, mío eres tú"* (Isaías 43:1). Según la nota editorial, este pasaje está hablando de la iglesia, pero cuando leo la Biblia veo que se está dirigiendo a "Jacob" e "Israel". Encontraremos lo mismo en algunas traducciones de la Biblia. En algunas Biblias, impresa en la parte superior de Isaías 44, la nota editorial indica que sigue hablando a la iglesia, pero la Biblia no dice eso. Cuando uno editorializa las cosas así, la Biblia se vuelve inexplicable. Se convierte en un rompecabezas que no tiene diseño y cuyas piezas nunca encajan. Lo que Dios le dice a Israel es una cosa; lo que Dios le dice a la iglesia es otra cosa.

- La Biblia está llena de muchas promesas de Dios. Uno puede tomar esas promesas y hacer tres cosas con ellas:
  a. En primer lugar, uno puede decir que esas promesas son ficticias, que es poesía hebrea o aramea, y que son ilusiones.

  b. En segundo lugar, uno puede decir lo que dijo ese editor, tomar las promesas hechas a Israel y aplicarlas a la iglesia, y viceversa. Esto es lo que hace prácticamente todo el mundo teológico y académico. Sin embargo, Pablo dijo que la iglesia estaba escondida de los ojos de los profetas del Antiguo Testamento (véase Efesios 3:4–5, 9–10).

  c. Hay una tercera posibilidad. Uno puede tomar el Antiguo Testamento y creer que Dios quiso decir lo que dijo, que cuando le hablaba a Israel, se refería a Israel. Uno puede creer que todas las promesas y todas las profecías que Dios le dio a la familia escogida de Israel, será fiel en cumplirlas. Dios no confundió a su pueblo. Si Dios pudiera mentir y confundir a Israel, ¿cómo sé que no me ha mentido y me ha confundido a mí? Si Dios no cumple estas promesas con la familia escogida, no tengo seguridad de que Dios las vaya a cumplir conmigo. Esta es una de las razones por las que creo fervientemente que Dios dijo estas cosas a Israel y que cumplirá su promesa.

- El último siete sietes llegará. ¿Qué ha ocurrido? Es solo esto: siguiendo con la revelación dada al apóstol Pablo en el tercer capítulo de Efesios, Dios ha puesto un gran paréntesis, un gran interludio, entre la semana sesenta y nueve y la semana setenta. En esa interposición está la era de la iglesia, la iglesia gentil. En ese paréntesis, Dios pospuso el cumplimiento de todas estas profecías hasta el final del tiempo. Dios está haciendo otra cosa ahora. Está predicando el evangelio de su gracia, llamando a todos los hombres, ya sean judíos o gentiles, a una comunión con el Señor Jesucristo en la iglesia. Pero no ha terminado con Israel. No ha terminado con los judíos. No ha terminado con sus sagradas promesas. Tan solo lo ha pospuesto hasta el fin de los tiempos. En esos últimos tiempos, según la revelación dada a Daniel, estará este septuagésimo siete final. Cuando llegue ese tiempo, Dios cumplirá cada promesa que les hizo a los judíos.

6. La última semana (versículo 27)

- Descrita en Daniel 9:27 está la semana setenta de Daniel, una semana terrible, los últimos siete años que ponen fin al juicio de Dios sobre Israel antes del reino milenial. Esa última semana está delineada en el libro de Apocalipsis, capítulos 4–19.
- Este tiempo se llama la *"gran tribulación"* (Apocalipsis 7:14). Nunca habrá un tiempo de un juicio semejante como el que caerá sobre la tierra durante la semana setenta profetizada en el libro de Daniel y descrita en detalle en Apocalipsis.
- La profecía dice que vendrá un príncipe; este es el anticristo. En la última semana surgirá el anticristo, el último dictador de la tierra, la obra maestra de Satanás. Él hará un pacto con el pueblo judío y con las naciones de la tierra. Después, de repente, en la mitad de la semana se desatará el caos. Habrá una desintegración económica, política, militar, cultural, nacional e internacional. La Biblia dice que, sin excepción, en cada profecía el mundo se dirige hacia un gran colapso y una frustración caótica. En medio de esa última semana, el anticristo, el príncipe de Daniel 9:26-27, romperá el pacto que había hecho.
- La Biblia obtiene este momento del versículo 27: *"… a la mitad de la semana"*. Esto también describe el mismo tiempo de tres años y medio, *"tiempo, y tiempos, y medio tiempo"* (Daniel 7:25), o 42 meses o 1.260 días.
- La última semana de Daniel, esos últimos siete años, está dividida en tres años y medio cada parte. La división se produce cuando el anticristo romperá su pacto con el pueblo judío. Él les ha prometido su santuario, sus ordenanzas y su adoración. Es aclamado en el capítulo 6 de

Apocalipsis como alguien que viene sobre un caballo blanco, como la esperanza y el salvador del mundo (véase Apocalipsis 6:2). Da la impresión de traer la paz mundial, y trae una falsa paz durante tres años y medio; pero a la mitad de la semana rompe ese pacto y sumerge a toda la tierra en un baño de sangre que termina con la batalla de Armagedón.

- Esa última batalla terrible marca la intervención personal de Cristo desde el cielo. El Señor desciende; Cristo regresa. Esto da comienzo al milenio. Según Daniel 9:24, Él viene *"para terminar la prevaricación, y poner fin al pecado, y expiar la iniquidad"*.
- La profecía se terminará. Ya no habrá más visiones, porque todas estarán terminadas, firmadas y cumplidas. Este es el tiempo del fin dado para *"ungir al Santo de los santos"* (Daniel 9:24). Esto no se refiere al lugar santo, sino al santo: es la coronación de Jesús como Rey. Ese será el tiempo en el que toda rodilla se doblará y toda lengua confesará que Él es el Señor. Eso sucederá, dice Daniel, al final de la semana setenta, y ese es el final de la historia judía. Es la consumación de la era, la venida de Cristo, el establecimiento de su reino en la tierra.
- Ese reino incluirá a los redimidos de Israel y a los que, por la fe, han aceptado a Jesús como su Salvador personal.
- En Zacarías capítulos 12–14, la aparición de Jesús a Israel está descrita en detalle. Lea y escriba aquí Zacarías 12:10:

____

____

____

____

____

- Yo no creo que esta profecía sea inusual, es decir, que el Mesías aparezca personalmente y apele a su pueblo. Eso es exactamente lo que el Señor hizo con sus paisanos Santiago, José, Simón y Judas, que no creyeron en Él hasta después he haber resucitado de los muertos. Se les apareció y los ganó para la fe antes de ascender al cielo. Esto es también lo que Jesús hizo con Saulo de Tarso, después llamado Pablo, quien vio al Cristo resucitado fuera de tiempo.
- Lo que Él hizo con Pablo, lo hará para toda la nación de Israel. Serán reunidos en Palestina, y el Señor se les aparecerá según Romanos 11:26.
- No llego a entender bien eso, pero sé que significa algo glorioso. Se mostrará misericordia a toda la nación de Israel ese día, la misma misericordia que se nos ha mostrado a nosotros durante la era de la iglesia.

¿Cuánto recuerda?

1. Daniel entendió que el programa de Dios está "fijado y es inmutable"; sin embargo, los creyentes aún tienen la responsabilidad de hacer ¿qué?
2. ¿Cuáles eran algunos elementos distintivos de la vida de oración de Daniel?
3. ¿Durante cuántos años será el reinado milenial de Cristo?
4. ¿Qué año marca el punto de inicio de las setenta semanas?
5. ¿Qué institución del Nuevo Testamento se mantuvo en secreto para todos los profetas del Antiguo Testamento?
6. Los siete años finales de Daniel, descritos en el versículo 27, ¿con qué evento descrito en Apocalipsis 7 se corresponden?

Su tarea para la próxima semana

1. Lea Daniel 10.
2. Repase sus notas de esta lección.
3. Subraye y marque su Biblia.

Notas de la Lección 11

DANIEL 10

Lección 12

DANIEL 10

Aquí en el capítulo 10 de Daniel han pasado casi tres años desde que Ciro redactó el decreto que permitía a los judíos regresar a su propia tierra. El pueblo era libre para reconstruir su santuario, pero la respuesta es extremadamente desalentadora. El pueblo se ha asentado en Babilonia, donde ha prosperado y está cómodo; no tiene ningún deseo de mudarse. Por lo tanto, el decreto de Ciro que permite que Israel regrese a Judá se recibe con indiferencia, despreocupación y prácticamente un nulo entusiasmo.

De las multitudes de judíos que habían sido llevados al cautiverio, un número insignificante (solo 42.360) decide regresar a casa. Según el historiador judío Josefo, muchos más se quedaron en Babilonia, al no estar dispuestos a dejar sus posesiones. Los que regresan a Jerusalén son dirigidos por Zorobabel, que desciende del linaje de David, pero no restaura una monarquía.

Así que Daniel, dolido y apenado, se ha dedicado a orar y ayunar. Oró durante tres semanas completas, en la fiesta de los Panes sin Levadura. La oración de Daniel se produjo a unos 100 kilómetros de Babilonia en la zona que él denomina como la orilla del río Hidekel, hoy conocido como el río Tigris.

1. La abrumadora respuesta (versículos 5–9)
    - Al final de las tres semanas de oración y ayuno, llegó del cielo una incomparable visión de gloria: una respuesta, una explicación, para Daniel.

- Los tres últimos capítulos del libro de Daniel, capítulos 10–12, tienen que ver con la visión final que se presentó aquí.
- Una vez más encontramos una teofanía; esta, en los versículos 5-9, es de Cristo. De nuevo, una teofanía es una aparición de Dios en la semejanza de forma humana. En Apocalipsis, Juan vio al Cristo glorificado en la isla de Patmos tras su encarnación. Aquí, Daniel ve al mismo Señor glorificado antes de su encarnación en las orillas del río Tigris.
    a. Esta es la tercera vez que el Señor mismo ha aparecido en el libro de Daniel.
    b. La primera vez que aparece el Cristo preencarnado es en el capítulo 3, en la historia del horno de fuego. Cuando los tres jóvenes hebreos estaban caminando tranquilamente entre las llamas ardientes, Nabucodonosor miró y vio a un cuarto hombre cuya apariencia y rostro se parecían al Hijo de Dios (véase versículo 25).
    c. La segunda vez que se produce una teofanía es en Daniel 7, en la visión del trono del Anciano de días, cuando llega uno como un hijo de hombre y se le da un reino eterno que nunca terminará (véase versículos 13–14).
- De nuevo, la tercera teofanía se produce aquí, en esta visión, con la gloriosa apariencia del Cristo preencarnado apareciendo resplandeciente como el sol. Sus ojos son como llamas de fuego, sus pies como bronce pulido, y su voz como el sonido de muchas aguas.
- Aquí en el capítulo 10 se le ve antes de tomar nuestra naturaleza en Belén *"en los días de su carne"* (Hebreos 5:7). Qué persona tan incomparable es Él. Dios no es una "fuerza", ni un "elemento". Él no es el gran desconocido, alguien a quien es imposible conocer. Él es alguien. Es una persona, y se ha revelado en el antiguo pacto y en el nuevo pacto como teniendo forma y semejanza de hombre.
- En el versículo 7 Daniel habla de nuevo y dice que solo él vio la visión. Los hombres que estaban con él no vieron la visión de Cristo el Señor, sino que algo parecido a un gran terremoto cayó sobre ellos y huyeron para esconderse, dejando a Daniel a solas ante esta gran visión.
- Notemos en el versículo 8 que Daniel no tenía fuerza debido a lo que vio, pero oyó a Cristo el Señor, y cuando oyó el sonido de sus palabras, se desmayó. Y leemos en el versículo 9 que estaba en un sueño profundo con su rostro en tierra.
- Ahora llegamos a un argumento en las Escrituras que realmente no vale la pena discutir, pero permítame al menos destacarlo. Comenzando en el versículo 10 y hasta el 21, la mayoría de las personas dicen que es en este punto donde Gabriel reaparece en escena, que es él quien toca a Daniel y habla a Daniel. Fácilmente podría haber sido Gabriel, y la mayoría de los comentaristas creen que así es; sin embargo, hay algunos que piensan que este es el Señor, el Cristo mismo como continuación del versículo 9 hasta el final del capítulo.
- Al margen de la teoría que podamos adoptar, ambas ideas expresan la acción de Dios mismo hacia el amado Daniel. Yo creo que sin duda es Cristo quien aparece durante los versículos

5-9. Se lee como si pudiera ser cualquiera de los dos, ya sea Cristo que permanece en la escena o Gabriel que es llamado a la escena y Miguel, por supuesto, ayudando. Pero consideremos que es Dios en acción y después tomemos las Escrituras desde aquí.

- Por causa de la enseñanza, digamos que empezando en el versículo 10, encontramos un "mensajero celestial" en escena.

2. El misterio de la respuesta demorada (versículos 12–13)

   - Durante tres semanas, Daniel había buscado una respuesta a su oración, pero no recibió respuesta alguna. Esto es muy distinto a su experiencia del capítulo anterior, pero hay una explicación.
   - El mensajero celestial ahora le dice a Daniel que en cuanto comenzó su oración, ésta fue escuchada, y el mensajero celestial dice en el versículo 11: *"porque a ti he sido enviado ahora"*, una frase que hace temblar a Daniel.
   - En el versículo 12 encontramos que desde el mismo día en que Daniel comenzó a orar, sus palabras fueron oídas, y el mensajero celestial ahora viene debido a esas palabras, pero dice: *"Mas el príncipe del reino de Persia se me opuso durante veintiún días"* (Daniel 10:13), y explica que fue solo cuando Miguel, *"uno de los principales príncipes"* llegó para ayudarle, pudo llegar con el mensaje.
   - Ahora surge un pequeño debate en este punto. Algunos dicen que tiene que ser Gabriel, que éste no podría ser Cristo el Señor porque el Señor no puede ser obstaculizado o frustrado. Y, sin embargo, este mensajero le dice a Daniel: *"desde el primer día… fueron oídas tus palabras"*. Veamos eso. Al no tener una sabiduría infinita, no puedo entender por qué Dios pudo ser frustrado aquí en Daniel, o en cualquier otro momento. Sé que el Señor Dios es omnipotente, y que tiene toda autoridad en sus manos. Pero también soy el primero en admitir que creo que los propósitos de Dios pueden ser obstaculizados y nuestras oraciones frustradas. Creo que hay otra voluntad en este universo además de la voluntad de Dios, y creo que Dios puede sufrir oposición. Creo que nuestras oraciones a menudo pueden verse obstaculizadas y frustradas, y el pueblo de Dios puede ser acosado y atacado. Si no fuera por la gracia soberana de Dios, seríamos destruidos.
   - Veo este principio en la vida del Señor mismo. Cuando llegó a Nazaret, donde había crecido, dicen las Escrituras: *"Y no hizo allí muchos milagros, a causa de la incredulidad de ellos"* (Mateo 13:58). Jesús era obstaculizado prácticamente en cada lugar donde iba. En el capítulo 13 de Mateo vemos que Jesús hablaba en parábolas porque el corazón del pueblo se había *"engrosado, y con los oídos oyen pesadamente, y han cerrado sus ojos; para que no vean con los ojos, y oigan con los oídos, y con el corazón entiendan, y se conviertan, y yo los sane"* (Mateo 13:15). La voluntad de Dios se puede frustrar y obstaculizar. Supongo, por lo que leo aquí, que la misma frustración se encuentra en la oración y al vivir en este mundo.

- Ahora bien, un argumento es que pudiera haber sido Cristo el Señor. Yo tan solo lanzo estas pequeñas ideas para que usted piense por sí mismo, con la esperanza de que llegue a una conclusión.
- Creo que esta oposición a la voluntad de Dios puede suceder en el mundo angelical, el mundo invisible. Hay una oposición a Dios en el corazón del universo. Encontramos aquí en Daniel 10 que Satanás se opone a Dios, y la respuesta de Dios tarda tres semanas en llegar. Las Escrituras nos dicen que Satanás se opone y que Satanás ataca. Donde se siembra la semilla del bien, él siembra espinos (véase Mateo 13:19). Él entró en Judas, quien traicionó al Señor. Pero lo bueno de todo esto es que cuando se obstaculiza a Dios, es solo temporalmente; siempre hay un triunfo final de Dios en el cielo. No tenemos que desanimarnos como si la batalla estuviera perdida, como si Satanás hubiera ganado, como si el príncipe de las tinieblas hubiera arrebatado las riendas del gobierno de las manos del Todopoderoso.
- Y vemos que quienquiera que pudiera haber sido este mensajero celestial, llama a otro pidiendo ayuda. Miguel, uno de los principales príncipes, el arcángel que defiende al pueblo de Dios, viene a ayudar.
    a. Esto no es inusual, porque vemos en la tentación de Jesús que los ángeles le ministraron (véase Mateo 4:11).
    b. En el libro de Hebreos vemos que los ángeles son *"espíritus ministradores, enviados para servicio a favor de los que serán herederos de la salvación"* (Hebreos 1:14).
- Miguel defiende al pueblo de Israel, y aquí llegó a ponerse al lado del mensajero celestial. Y después se le dice a Daniel en el versículo 14 que tenía que entender *"lo que ha de venir a tu pueblo en los postreros días"*.
- Esta es la llave que abre la puerta hacia el entendimiento del recordatorio del libro de Daniel. Hay tres elementos que caracterizan esta visión de cierre:
    a. *"tu pueblo"* identifica a Israel sin lugar a duda.
    b. *"postreros días"* sitúa el cumplimiento final en el período de la semana setenta de Daniel, o la gran tribulación.
    c. *"porque la visión es para esos días"* enfatiza el hecho de que conlleva un largo período de tiempo.
- Cuando Daniel oye esto, se queda sin habla.

3. Daniel es fortalecido (versículos 16–21)
    - Aquí encontramos que el mensajero celestial toca los labios de Daniel, y Daniel es capaz de volver a hablar y expresa su gran debilidad. De nuevo es tocado. El primer toque supuso la apertura de los labios del profeta, y después de su confesión y debilidad llegó el segundo toque, mediante el cual fue fortalecido.

- Si un siervo de Dios como Daniel necesitó este tipo de ayuda, cuán necesaria es también para nosotros.
- Luego Daniel recibe el mensaje de paz y consuelo; en el versículo 19 vemos al mensajero celestial hablándole a Daniel y diciendo: "*no temas; la paz sea contigo; esfuérzate y aliéntate*". Y así Daniel es fortalecido en su mente y en su corazón y pudo descansar de todos sus temores. Daniel dice: "*Hable mi señor*" (versículo 19).
- En el versículo 20 el mensajero dice que regresará para luchar contra el príncipe de Persia y después contra el príncipe de Grecia. En el último versículo de este capítulo, el mensajero celestial dirige a Daniel hacia la Palabra de Dios y dice: "*te declararé lo que está escrito en el libro de la verdad*" (versículo 21). La palabra "*escrito*" significa "grabado" o "registrado", y se refiere aquí solo a la Palabra de Dios como un registro permanente. La Palabra de Dios es la única arma de uso eficaz para el hijo de Dios.
- Ahora, miremos atrás solo por un momento. Veremos que Daniel 10:21 termina con esta frase: "*y ninguno me ayuda contra ellos, sino Miguel vuestro príncipe*". El mensajero celestial dice que nadie está con él en las cosas concernientes a Israel, el santuario y el regreso del pueblo judío, sino Miguel "*vuestro príncipe*".
- *¿Qué más se podría pedir? Es como si un joven músico supiera que el mundo mira su obra con desdén. No hay aprecio o reconocimiento, y el joven desesperado escribe:* "No hay nadie que me apoye en estas cosas salvo Beethoven". Pero su firma, su aprobación, valdría mucho más que la de todo un mundo de rivales desdeñosos. Por lo tanto, con Miguel en escena es como si todos estuvieran en contra excepto Dios mismo.

4. Abrumadora victoria en Dios
    - Al comienzo de este capítulo Daniel dice: "*fue revelada palabra a Daniel*", "*y la palabra era verdadera, y el conflicto grande*" (Daniel 10:1). Los años agotadores de espera del cumplimiento del plan de Dios a veces se nos hacen largos.
    - A veces parece como si lo que estamos esperando nunca se fuera a cumplir. Para nosotros, la división se produce en dos cosas: la oración y la respuesta. Pero Dios ve estas dos cosas como una sola. Para nosotros son dos cosas distintas, pero para Dios, pedir es recibir. El tiempo es largo para nosotros, pero no es largo para Él en el ahora eterno. Él nos mira a todos y nos anima a tener buen ánimo y valentía (ver, por ejemplo, Juan 16:33; Josué 1:9). Dios hará que suceda; por lo tanto, viviremos en esperanza, en seguridad, en victoria y en optimismo, orando todo el tiempo que dura esta vida.
    - Para terminar, permítame destacar la compasión, misericordia y piedad de Dios. Notaremos en los versículos 10-11, 16 y 18-19 que el mensajero celestial de Dios toca a Daniel y le llama "*muy amado*", y declara que está a punto de volver a luchar contra el príncipe de Persia. Por lo

tanto, en medio del conflicto satánico también encontramos la misericordia y la compasión del Señor Dios. ¿No se alegra de que tengamos un Dios así?

¿Cuânto recuerda?

1. Los versículos 5–9 constituyen la tercera teofanía en el libro de Daniel. ¿Cuándo se produjeron las otras dos?
2. ¿Quién es el ángel que ayudó cuando el mensajero celestial fue detenido por el príncipe de Persia?
3. Identifique dos ejemplos del Nuevo Testamento de frustraciones y desbarates del poder y de la voluntad de Dios.
4. ¿En qué se diferencia la percepción de Dios de las peticiones de oración y sus respuestas de la nuestra?

Su tarea para la próxima semana

1. Lea Daniel 11.
2. Repase sus notas de la lección.
3. Subraye y marque su Biblia.

Notas de la Lección 12

DANIEL 11

Lección 13
DANIEL 11

En nuestro estudio del libro de Daniel llegamos ahora al capítulo 11, la última gran visión de Daniel. La visión escrita aquí constituye la visión más larga y la profecía más larga del libro, y está escrita con gran detalle y minuciosidad.

1. La visión está dividida en tres partes
   - La primera parte (versículos 1–20) es una presentación del mundo persa y griego, especialmente de las guerras entre los ptolomeos y los seléucidas: entre Egipto y Siria. La nación de Israel estaba atrapada en el medio. La primera parte de la visión, por lo tanto, presenta a estos reinos en guerra.
   - La segunda parte (21–35) es una delineación de Antíoco Epífanes, quien, como ya hemos discutido, es un tipo del último dictador del mundo, el anticristo.
   - La tercera parte (versículos 36–45) es una profecía del último dictador cuya destrucción y destino coinciden con el fin de la historia y el fin del mundo.
   - Antes de entrar en la profecía en sí, voy a hacer una declaración que es necesaria antes de enseñarla. Prácticamente todos los comentarios interpretarán este capítulo 11 exactamente

de la misma manera, afirmando que la profecía tiene que ver con las guerras entre los ptolomeos y los seléucidas, y que estas guerras precipitaron la revuelta macabea. Esa afirmación es correcta, pero el texto significa mucho más que eso.

a. Teniendo en mente que el libro de Daniel es profecía, podemos ver en este capítulo al pueblo escogido de Dios, Israel, mientras está oprimido y atrapado entre dos grandes potencias en la consumación de la era.

b. Los relatos de las noticias contemporáneas hacen que me incline a creer que la posición de los comentarios tradicionales sobre el capítulo 11 son correctas en lo tocante a la historia, pero con respecto a la profecía vemos que el cuadro que se pinta aquí es también un tipo de la condición del mundo y del pueblo santo de Dios en la consumación de los tiempos.

- Una segunda idea sobre este capítulo es que da un retrato detallado de la persona y el carácter de Antíoco Epífanes. Al leer el libro de Daniel, especialmente el capítulo 11, uno se pregunta por qué una persona así recibe tanta atención. Podríamos pensar que fue un personaje tremendamente destacado. En realidad, no lo fue. Antíoco Epífanes es solo una piedrecita pequeña en la arena de la playa. Entonces, ¿por qué ocupa un espacio tan grande en la profecía?
- La respuesta es muy sencilla. La razón de los minuciosos detalles con respecto a este hombre es que él tocó a Israel en el período más trágico de la historia del pueblo de Dios. Fue Antíoco Epífanes quien precipitó la revuelta macabea. El pueblo judío de toda la tierra celebra esa victoria de independencia en su fiesta de las Luces, o también llamada Hanuka. Recordemos que la Biblia no es una historia de las naciones gentiles, sino una historia del propósito redentor de Dios y su plan a través de Israel. Las profecías tienen que ver con el pueblo de Dios. Incluso el Nuevo Testamento, en su consumación final de la revelación, regresa a ese propósito de Dios con su pueblo: Dios y los judíos.

2. Los imperios griego y persa (versículos 1–20)

- Aquí encontramos la revelación a través del ángel, quien está hablando al profeta-hombre de estado Daniel. A medida que el ángel revela el futuro, comienza por donde están en ese entonces.
- Es en el imperio persa, y Ciro es el rey. Ciro es el rey gobernante cuando el ángel está hablando, y cuatro reyes le seguirán después. Estos cuatro reyes son conocidos en la historia, y no intentaré nombrarlos aquí salvo al cuarto, que fue Jerjes.
- Jerjes fue uno de los grandes gobernadores orientales de toda la historia. Él consiguió reunir al ejército más grande del mundo antiguo, con un número de unos dos millones de hombres, y lanzó todo el poderío del imperio persa contra los griegos en la Batalla de Salamina. Derrotado, regresó a Asia para no volver a entrar nunca más en territorio griego en toda su vida.

- La profecía dice que estos gobernantes de Persia removerán a toda Grecia contra ellos. Fue un siglo y medio antes de que se produjera la represalia, y llegó con la persona que se menciona aquí en la siguiente profecía en el versículo 3. Este es Alejandro Magno, un hombre que cambió el curso de la civilización más que cualquier otro gobernante que hubiera vivido jamás. Barrió todo el mundo civilizado, y en un breve período de doce años subyugó a toda Asia oriental.
- Después se da la profecía de que su reino sería derribado y dividido en cuatro partes (véase versículo 4). Esta profecía se refiere a la cuádruple división del imperio griego. La razón por la que menciono esto es que la profecía tiene que ver con el liderazgo y los gobernantes de los griegos. Los ptolomeos eran griegos, al igual que los seléucidas. Nunca ha habido nada en la historia que haya cambiado la civilización y la cultura tanto como Alejandro Magno lo hizo con su conquista griega. Tenemos arquitectura griega, teatro griego, poesía griega, arte griego, filosofía griega, ciencia griega, patrones griegos, y la lista continúa.
- Cuando el imperio de Alejandro se dividió en cuatro partes, una parte fue para los griegos ptolomeos, mientras que otra parte fue para los griegos seléucidas. Antíoco Epífanes era uno de esos griegos, y debemos tomarlo aquí como un retrato de otra persona que vivirá en otra era y en otro tiempo.

3. **Antíoco Epífanes (versículos 21–35)**
   - A medida que continúa la profecía, Antíoco Epífanes gradualmente se desvanece en el trasfondo, llevando así la delineación del último anticristo al primer plano.
   - Daré dos o tres ejemplos de un libro que me prestaron de la profecía dada y la profecía cumplida. Como hemos estudiado tanto sobre este hombre, pasaré la mayor parte de mi tiempo en la última parte del capítulo que tiene que ver con el anticristo.

4. El final de los tiempos (versículos 36–45, todo profecía)
   - Cuando leo la profecía sobre el anticristo, una de las primeras cosas que veo es su persecución del pueblo de Dios, especialmente en los últimos tiempos. Los judíos tendrán tribulación, y también los cristianos, según Juan 16:33.
   - El mundo no es amigo de Cristo. Veo esta verdad en nuestro mundo actual; lo leo en los titulares. Más de una tercera parte de este mundo ya ha pasado por el reinado y dominio de gobiernos que son abiertamente ateos. Parece como si todo el curso de la historia avanza contra el pueblo de Dios: los judíos y también los cristianos. Estamos luchando por nuestra existencia, tanto teológicamente como numéricamente. Este tipo de agresión es exactamente de lo que habla la última parte de Daniel. El pueblo de Dios cada vez estará más coaccionado, bajo estrés, bajo extorsión, y finalmente bajo persecución.

- A medida que avanza la profecía, vemos ese ascenso final del anticristo, el último dictador del mundo. Esta profecía se deletrea meticulosamente en el segundo capítulo de 2 Tesalonicenses y en el capítulo 13 de Apocalipsis. Ese hombre, en los últimos tiempos, y podría ser ya en cualquier momento, pondrá todo su ser, su competencia, su capacidad, su genialidad, en manos de Satanás. En ese último desarrollo dramático de la historia, Satanás intentará dar un golpe final contra el reino de Cristo y el pueblo escogido de Dios. Viene con el bautismo del infierno y con credenciales de milagros y maravillas en directo. ¡Cuidado!
- Aquí en el capítulo 11 de Daniel encontramos el reino en los últimos tres años y medio. Veremos a este hombre de pecado aparecer de nuevo en el capitulo 6 de Apocalipsis como el jinete del caballo blanco. Este hombre de Apocalipsis 6 no es el Príncipe de paz porque el segundo no aparece hasta el capítulo 19 de Apocalipsis. El hombre del capítulo 6 de Apocalipsis imita al Príncipe de paz al ir montado en un caballo blanco. Este anticristo entrará en un mundo agitado y prometerá respuestas a todos los problemas de la nación. Es un pacificador que se hace amigo de Israel.
- Según el capítulo 9 de Apocalipsis, hace un pacto con Israel y apoya su causa. Lucha con ellos contra el reino del sur, que es Egipto, y los reúne de nuevo en la Tierra Santa. Les da permiso para regresar para edificar su nación, y después, en medio del pacto, en medio de la semana setenta de Daniel, cambia; se convierte en una persona vil, despiadada y violenta. Aquí en Daniel 11:38 se le describe como un rey que adora al "dios de las fortalezas". Emplea en el conflicto final toda la fuerza y riqueza del mundo.
- Por esa razón, en Apocalipsis 6, el caballo blanco de paz viene seguido del caballo bermejo de la guerra, el caballo negro de la hambruna, y finalmente el caballo amarillo de la muerte. La destrucción de ese rey, el anticristo, coincide con el fin del mundo. El lugar de esa confrontación está descrito en Ezequiel 38–39, en Zacarías 12:1-4 y aquí en Daniel.
- Veremos que los versículos 36-45 dibujan el clásico retrato de los últimos tiempos. Leemos de la preparación del escenario porque vemos incluido entre los actores al *"rey del sur"*, quien contenderá con el anticristo, y el *"rey del norte se levantará contra él"* (versículo 40).
- Después, en el versículo 44 vemos que *"noticias del oriente y del norte lo atemorizarán"*. Estas son solo unas cuantas señales de lo que sucederá finalmente en la batalla de Armagedón.
- Ahora bien, este anticristo, llamado *"el rey"* en el versículo 36, está mencionado en el Antiguo Testamento una y otra vez.

    a. El profeta Zacarías lo llama *"pastor insensato"* (Zacarías 11:15) y *"pastor inútil"* (versículo 17).

    b. Se le menciona en los Salmos repetidamente como el *"impío"* (Salmos 109:6), *"el hombre de la tierra"* (Salmos 10:18), *"hombre sanguinario y engañador"* (Salmos 5:6), y *"violento"* (Salmos 17:4).

- La razón por la que Dios profetiza todo esto no es solo porque es verdad. Varias veces en Daniel 11 el profeta dice que estas cosas están *"determinadas"* (versículos 27, 29, 35). Estos acontecimientos están bajo la mano soberana de Dios y su voluntad. La profecía a lo largo de la Biblia se nos da para que no desesperemos y no nos desanimemos, para que no creamos que Dios se ha olvidado de nosotros o ha perdido el control. La profecía se nos da para que podamos entender lo que significan esas cosas cuando veamos que suceden. La profecía se nos da para recordarnos que esas cosas están bajo la mano poderosa del Señor. Él cuidará de nosotros y librará a su propio pueblo. Por ejemplo, el capítulo 12 dice: *"y será tiempo de angustia, cual nunca fue desde que hubo gente hasta entonces"* (Daniel 12:1). La razón de la profecía es para que sepamos que Dios está en control. Dios que mantiene el control también tiene la victoria en sus manos. El pueblo de Dios siempre tiene que estar en control de sí mismo y estar lleno de esperanza y optimismo.
- No he entrado en un estudio versículo por versículo del capítulo 11 a propósito. Pasaremos la mayor parte de nuestro tiempo en lo que queda el libro de Daniel, en el capítulo 12, que es un cuadro de la gran tribulación, las resurrecciones, y el último mensaje de Dios a Daniel.

¿Cuânto recuerda?

1. ¿Cómo nos ayuda la profecía a recordar que Dios está en control?
2. ¿Cuáles son otros nombres dados al anticristo por los profetas del Antiguo Testamento?

Su tarea para la próxima semana

1. Lea Daniel 12.
2. Repase sus notas de esta lección.
3. Subraye y marque su Biblia.

Notas de la Lección 13

DANIEL 12

Lección 14
DANIEL 12

1. Los santos resplandecientes y los misterios finales

- *"En aquel tiempo se levantará Miguel..."* (versículo 1). ¿En qué tiempo? Cuando la Biblia fue escrita no existían los capítulos y los versículos que aparecen hoy día. El texto era un escrito continuo. La última división de Daniel se encuentra en los capítulos 10–12, y este texto, o versículo, aparece en medio de esa visión final. Por lo tanto, *"en aquel tiempo"* se refiere a los versículos que lo preceden inmediatamente, el contenido del capítulo 11, el cual describe la gran tribulación, la aparición del anticristo final y la batalla de Armagedón.
- En *"aquel tiempo"* de dificultad, oscuridad y tristeza, Miguel, el gran príncipe que protege a los hijos de Dios, se levantará.
- ¿Librará Miguel al pueblo? No. La presencia de Miguel no libra a los hijos de Dios de pasar por todos esos tiempos de dificultades y dolor. Este hecho es algo que quienes hemos encontrado refugio en Dios debiéramos recordar siempre. Habrá tiempos difíciles para nosotros, así como para aquellos a los que se hace referencia aquí: los judíos.
- La diferencia entre nosotros y el mundo reside en el hecho de que tenemos la presencia de Dios. No es que nosotros como cristianos estemos exentos de problemas; experimentaremos

tristeza y lágrimas. La diferencia es que Dios está con nosotros. Sus ángeles están con nosotros, y las huestes celestiales está de nuestro lado. Así es en los últimos tiempos. En este tiempo de gran dificultad Miguel, el gran príncipe, defiende al pueblo de Dios.

- Notemos en el versículo 1: *"y será tiempo de angustia, cual nunca fue desde que hubo gente hasta entonces"*. Todo el curso de la Escritura profética avanza hacia esa misma revelación: que la historia se consuma en un tiempo de increíble agitación y conflicto.
- Lo que leo en la Biblia, lo veo en el desarrollo de la civilización humana. No nos estamos volviendo menos beligerantes, sino que cada vez somos más capaces de luchar. Nuestros instrumentos de batalla son más espantosos y destructivos que nunca antes. Nunca ha habido un invento de un arma de destrucción que una nación no haya usado finalmente contra otra nación. Las bombas atómicas apuntan hacia el cielo; los misiles guiados en submarinos de muerte acechan bajo del mar. Están siendo preparados y fabricados para lanzarlos con propósitos de guerra y aniquilación. Toda la Escritura avanza hacia ese fin. La historia mira hacia adelante no para tener un tiempo de paz, sino un tiempo de conflicto y derramamiento de sangre. En la consumación de los tiempos, habrá un tiempo de angustia para *"tu pueblo"* como nunca lo ha habido desde el comienzo del mundo.
- Las palabras *"tu pueblo"* (versículo 1), por supuesto, se refieren a Israel, el pueblo de Daniel. Habrá un tiempo de angustia para el pueblo judío como nunca antes lo hubo desde que existió la primera nación hasta ahora. Toda la profecía hebrea sigue ese mismo patrón de predicción, es decir, que para los hijos de Dios, para la nación de Israel, hay tristeza y un período de tribulación antes del triunfo. Israel conocerá una tristeza indescriptible, y el dolor será muy grande para ellos.
- Hay tres cosas en la Biblia con respecto a Israel que nunca varían. Una y otra vez, oímos la misma canción repetida.
  a. Primero, el problema de Israel y el Medio Oriente. Vemos en las Escrituras que no hay una solución real para ese problema.
    - Israel será una perplejidad para todas las naciones de la tierra. La mera existencia de la nación supone un problema para los gobiernos del mundo. No hay ninguna excepción para este hecho en la profecía hebrea. De muchos pasajes, destacaré solo uno, por ser típico. Zacarías 12:2–3 dice: *"He aquí yo pongo a Jerusalén por copa que hará temblar a todos los pueblos de alrededor... Y en aquel día yo pondré a Jerusalén por piedra pesada a todos los pueblos"*.
    - No existe una solución humana al problema del Medio Oriente. Esto supone, según la profecía, un problema que no se puede resolver mediante la diplomacia, y esto es lo que leo en los periódicos y lo que leo también en la Biblia. Cuando un pastor que es un experto en Israel le preguntó: "¿Qué ocurre con el Medio Oriente, y qué ocurre con Israel?", Henry Kissinger dio una respuesta que fue franca, directa y factual. Dijo:

"No habrá una gran confrontación de potencias mundiales en Indochina o Vietnam, pero la gran potencialidad de conflicto entre las grandes potencias de la tierra está en el Medio Oriente". Las potencias del mundo están alineadas unas contra otras. Nuestros barcos literalmente se rozan unos con otros, y a pesar de las muchas veces que los diplomáticos se sienten y de las muchas sesiones que puedan tener en las Naciones Unidas, no hay solución para el problema del Medio Oriente. Esto es exactamente lo que Dios dice en su Palabra: *"será tiempo de angustia"* (Daniel 12:1). Esto es un estribillo a lo largo de todas las escrituras proféticas.

b. Segundo, a Israel le espera un tiempo de angustia y dolor indescriptibles como nunca antes.

c. Tercero, en aquel tiempo, en esas horas tan oscuras, *"será libertado tu pueblo"* (Daniel 12:1).

- La trágica profecía de Jeremías termina con el precepto de *"tiempo de angustia para Jacob"* (Jeremías 30:7) pero también termina con la idea de que *"pero de ella será librado"*. Pablo desarrolla esta idea en Romanos 11:26, y usted puede escribirlo junto a Daniel 12:1 como una referencia.
- Ahora bien, cuando el profeta presenta esa visión, dice: *"pero en aquel tiempo será libertado tu pueblo, todos los que se hallen escritos en el libro"* (versículo 1). Creo que esas palabras sobre el Libro de Dios ampliaron la promesa y el rango de la visión para incluir a todo el pueblo de Dios, no solo a la simiente escogida y la familia de Israel sino también a todos los que por la fe han encontrado perdón de pecados y salvación en el mensaje de Israel: el Señor Jesucristo.
- Dios tiene un Libro, y dentro de esas páginas están escritos los nombres de los que han mirado a Cristo en fe y con confianza. La idea del Libro de la Vida viene del antiguo hábito de hacer tablas genealógicas rastreando a las familias del pueblo de Israel. La idea se aplicó a la familia de Dios y al pueblo de Dios. Ellos están escritos en un libro, el Libro de la Vida. Se hace alusión a ese libro en Éxodo 32, en Salmos 56 y 69, y a lo largo del libro de Apocalipsis una y otra vez. El Libro de la Vida es real, y los que están inscritos en ese libro son hijos de Dios.

2. Dos resurrecciones separadas (versículo 2)

- La visión continúa para hablar de los que serán presentados a Dios en ese día celestial y glorioso.
- *"Y **muchos** de los que duermen en el polvo de la tierra serán despertados, unos para vida eterna, y otros para vergüenza y confusión perpetua"* (Daniel 12:2). En ese día final habrá una resurrección de entre los muertos. Muchos de los que duermen en el polvo de la tierra serán despertados.
- *¿Por qué usa Dios la palabra "muchos"? ¿Por qué no usa la palabra "todos"?*
- Usa la palabra "muchos" por varias razones.

a. Primero, hay muchos que se levantarán. Eso contrasta con los pocos que estarán vivos en la venida del Señor. Cuando Él regrese, los vivos serán comparativamente pocos en número. Son los muertos los que serán una gran multitud. Comparados con los pocos que estarán vivos, los muchos que están dormidos en la tierra son una multitud.

b. Segundo, será una resurrección parcial; es decir, no todos se levantarán al mismo tiempo.

   - Es interesante cómo la Biblia desplegará la revelación de la resurrección de entre los muertos. Las Escrituras lo hacen poco a poco. En primer lugar, la Biblia presentará el hecho de la resurrección. Marta le insinuó esto a Jesucristo en Juan 11:24 cuando dijo que sabía que su hermano Lázaro *"resucitará en la resurrección, en el día postrero"*. Como le habían enseñado esto en la Palabra de Dios, se lo dijo al Señor.

   - Después, también, a medida que la Biblia continúa, habrá una resurrección dividida. Habrá una resurrección de los santos y otra resurrección de los perdidos.

c. Tercero, habrá en ese tiempo una separación eterna entre los salvos y los perdidos. Aquí vivimos en la misma tierra y somos enterrados en el mismo planeta, pero cuando seamos resucitados, habrá dos resurrecciones: una para los perdidos y otra para los salvos. Mateo 13 nos da un buen ejemplo del Señor cuando separa el trigo y la cizaña, en el que el trigo es recolectado en el almacén, mientras que la cizaña es juntada y quemada en el fuego (véase versículos 24-30).

d. Cuarto, en Apocalipsis 20:4–6 aprendemos que habrá mil años de intervalo entre esas dos resurrecciones.

- La tragedia de los que se pierden es casi innombrable, pero es su decisión. Solo acentúa la gloria de los que pertenecen al Señor.

- En Daniel 12:3 leemos: *"Los entendidos resplandecerán como el resplandor del firmamento; y los que enseñan la justicia a la multitud, como las estrellas a perpetua eternidad"*. Oh, que podamos estar entre los que son sabios, los que creen en Cristo y son salvos. Daniel nos dice aquí que los que enseñan la justicia a muchos, en otras palabras, los que ganan almas, brillarán como las estrellas para siempre.

- Notemos la belleza de ese versículo. La razón por la que es tan hermoso es por el lugar donde está colocado y el contexto en el que se encuentra. Se encuentra en una de las visiones más oscuras de toda la Biblia.

- En los tres últimos capítulos de Daniel encontramos la profecía de la gran tribulación, el anticristo y Armagedón. Esa misma profecía se encuentra ampliada en el libro de Apocalipsis, comenzando en el capítulo 4 y siguiendo hasta el capítulo 19. En medio de toda esa agitación, leemos en Apocalipsis 7 que vendrá una muchedumbre innumerable de creyentes, una multitud, cuyas túnicas están lavadas y emblanquecidas en la sangre del Cordero. Salen de la gran tribulación, salvados en ella y de ella. En la oscuridad de esta visión en Daniel está la palabra y promesa más gloriosa.

- ¿Quiénes son los grandes entre las personas de la tierra? Podría ser alguien de entre las páginas de la historia. Casi sin excepción, el mundo acepta líderes políticos y líderes militares como los grandes entre toda la tierra.
- Sin embargo, Dios no ve las cosas como nosotros las vemos. Ante los ojos de Dios, los grandes son los que llevan a muchos a una fe salvadora en Dios. Ellos son los grandes. Dios lo dice así aquí en Daniel 12:3.

3. Los misterios finales del libro (versículos 4–13)
   - Estos versículos finales concluyen la visión según las palabras del ángel. Hemos llegado al final. Notemos que, en el versículo 4, a Daniel se le dice: *"cierra las palabras y sella el libro hasta el tiempo del fin"*.
   - El tiempo del fin en Daniel comienza con la violación hecha por el cuerno pequeño, o el "hombre de pecado", o la "bestia". El cuerno pequeño se encuentra en Daniel 8, el hombre de pecado se encuentra en 2 Tesalonicenses, y la bestia se encuentra en Apocalipsis.
   - La violación es la ruptura de su pacto con los judíos para la restauración del templo y el sacrificio descrito en Daniel 9:27. También, la violación es la presentación de sí mismo como Dios (véase Daniel 9:27; Mateo 24:15; 2 Tesalonicenses 2:4; Apocalipsis 13:4–6).
   - La duración del *"tiempo del fin"* (véase, por ejemplo, Daniel 12:4) es de tres años y medio.
     a. El "tiempo del fin" es el *"tiempo de angustia para Jacob"* (Jeremías 30:7).
     b. Está descrito en Mateo 24:21 como *"gran tribulación, cual no la ha habido desde el principio del mundo hasta ahora, ni la habrá"*.
   - Notemos también en Daniel 12:4 que *"muchos correrán de aquí para allá, y la ciencia se aumentará"*. Esa expresión se encuentra también en Jeremías 5:1 y Zacarías 4:10.
   - En el versículo 5 notemos que Daniel ve dos ángeles, uno a un lado del río y el otro al otro lado. Este río es el Tigris, y riega el árbol de la vida.
   - Pero hay algo inusual; como leemos el versículo 6: *"Y dijo uno al varón vestido de lino, que* ***estaba sobre*** *las aguas del río: ¿Cuándo será el fin de estas maravillas?"*.
   - La respuesta viene en el versículo 7. Escríbala aquí.

____

____

____

____

____

- Era el Cristo preencarnado el que estaba vestido de lino y de pie encima de las aguas. Él responde a la pregunta que Daniel oyó que se le hizo: "*tiempo, tiempos y la mitad de un tiempo*".
- Observemos ahora algo muy inusual en los versículos 8-9. Daniel dice: "*Y yo oí, mas no entendí. Y dije: Señor mío, ¿cuál será el fin de estas cosas? El respondió: Anda, Daniel, pues estas palabras están cerradas y selladas hasta el tiempo del fin*". Ahora bien, si el Señor le dijo esto a Daniel, y Daniel estaba confundido tras ser testigo de la sesión de pregunta y respuesta entre los ángeles y el Señor, entonces estoy seguro de que nosotros también estaremos confundidos. Pero podemos comparar Daniel 12 con Apocalipsis y llegar al significado real de la frase "*el tiempo del fin*" (versículo 4), que es el tiempo de la gran tribulación.
- ¿Qué piensa usted de un hombre como Daniel, un profeta y hombre de estado que puede decir: "no pude entender"? Bueno, mi opinión es que debo admirar a un hombre así. Podemos aprender de cualquier persona, profesor o maestro, que se pone de pie delante de sus alumnos y dice: "No lo sé; no lo entiendo".
- Hay tres áreas en las que casi todos los cristianos tendríamos que decir: "No lo sé". Voy a mencionarlas.

  a. Una tiene que ver con el misterio de Dios. No hay nadie que pueda explicar totalmente a Dios en detalle. Mientras más estudiamos, más perplejos nos quedamos, y sin embargo aceptamos por fe que Él es el Dios de todo. Es la gloria de Dios que Él pueda ocultar algo, y lo hace. La revelación de Dios es como una montaña que ningún hombre puede escalar. Creo que si pudiera escoger entre un teólogo o filósofo frío que intenta bosquejar cada revelación de Dios y un hombre sin educación que tenga el poder de Dios en su alma y sepa cómo hablarle a la gente de Jesús y cómo gozarse, creo que escogería el segundo. Ese hombre no explica a Dios; tan solo lo acepta, y acepta a su Hijo.

  b. Hay otro misterio que nadie puede explicar, y es el misterio de la Biblia. La Biblia contiene la revelación y la manifestación que Dios hace de sí mismo. Ningún hombre puede conocerla del todo o entenderla por completo. El apóstol Pablo escribió:

  > *Ahora vemos por espejo, oscuramente; mas entonces [cuando Cristo vuelva] veremos cara a cara. Ahora conozco en parte; pero entonces conoceré como fui conocido.*
  >
  > (1 Corintios 13:12)

  Mientras más estudiamos un tema, más tenemos que estudiarlo. No hay manera de conquistar de manera plena y total la Palabra de Dios, no hay forma de entenderla por completo con nuestra mente, o de explicarla en su totalidad.

  c. El tercer misterio es "*el misterio de iniquidad*" que es la expresión que usa Pablo en 2 Tesalonicenses 2:7. Nunca podremos entender el poder del mal, o por qué Dios permite que suceda. ¿Por qué en el mismo capítulo leemos que Dios desciende, atrapa a Satanás y lo arroja al abismo por mil años, para después dejarlo salir de la prisión cuando han pasado los mil años? (véase Apocalipsis 20:1–3). Llega un tiempo en el que la paciencia de Dios llegará a su fin. Ese será el final de la iniquidad.

- Tras decir que no entiende, Daniel pregunta: *"¿cuál será el fin de estas cosas?"* (versículo 8) y se le dice que siga por su camino, *"pues estas palabras están cerradas y selladas hasta el tiempo del fin"* (versículo 9).
- Y después en el versículo 10 leemos:

  Muchos serán limpios, y emblanquecidos y purificados; los impíos procederán impíamente, y ninguno de los impíos entenderá, pero los entendidos comprenderán.

- Dios dice algo aquí en estas últimas palabras; primero: *"Y tú irás hasta el fin, y reposarás, y te levantarás para recibir tu heredad al fin de los días"* (versículo 13). Dios estaba diciendo, en otras palabras: "Déjalo en mis manos, y no temas ni te preocupes". Él dice: *"Bienaventurado el que espere, y llegue a mil trescientos treinta y cinco días"* (versículo 12). Justo antes de eso, hay una mención de mil doscientos noventa días después de ser establecida la "abominación desoladora" (véase versículo 11). ¿Qué significan estas promesas? Nadie lo sabe. Nadie lo sabrá hasta el tiempo del fin cuando se cumplan.
- Hay varias explicaciones posibles, pero creo que tendría que confesar que no sé cuál es la correcta. Una de las teorías es que será necesario un mes extra para el juicio de las naciones y después un mes y medio extra para establecer el reino, es decir, el reino milenial. Eso es solo una teoría. No lo cuestiono porque es pura profecía, es futuro. Podemos explicar los 2.300 días de Daniel 8 porque ese período de tiempo de profanación del templo sucedió en el pasado. Cuando se trata del futuro y de esos días, no encuentro nada que haga que "mi espíritu dé testimonio con otro espíritu" de que alguien tenga la razón.
- Para concluir el libro de Daniel, notemos estas palabras del Señor: *"y reposarás, y te levantarás para recibir tu* ***heredad*** *al fin de los días"* (Daniel 12:13). Las palabras *"tu heredad"* se refieren a la posesión de Canaán por el pueblo escogido de Dios: Israel. En los días de Josué, cuando los hijos de Israel cruzaron el Jordán, echaron suertes y cada tribu recibió su herencia en la Tierra Prometida según la heredad que le había tocado.
- La traducción griega del nombre hebreo Josué es Jesús. Nuestro Señor un día nos dará nuestra heredad en gloria. Las promesas de Dios son guardadas para nosotros, cuando estemos en nuestra tierra de heredad en "la tierra justa y feliz de Canaán, donde reside mi posesión",[1] como dice el viejo himno.

1. Samuel Stennett, "On Jordan's Stormy Banks I Stand", 1787 (hymnary.org).

¿Cuânto recuerda?

1. La historia se consumará en un tiempo ¿de qué dos cosas, según el versículo 1?
2. ¿Los nombres de quiénes están escritos en el Libro de la Vida?
3. Habrá dos resurrecciones: una de los __________ y otra de los ___________.
4. ¿Quién es grande ante los ojos de Dios?
5. ¿Qué acto del cuerno pequeño significa el tiempo del fin?
6. ¿Cuál es la duración del "tiempo del fin"?
7. ¿Quién es el hombre vestido de lino mencionado en el versículo 6?
8. ¿Qué tres áreas se identifican como misterios para cada cristiano?

Notas de la Lección 14

ACERCA DEL AUTOR

ACERCA DEL AUTOR

El Dr. Alan B. Stringfellow (1922–1993), fue maestro bíblico y ministro del evangelio por más de cuatro décadas, especializado en educación cristiana. Preocupado desde siempre por la lucha que tienen la mayoría de las personas a la hora de entender la Biblia, se dispuso a escribir un estudio que diera a los creyentes más conocimiento y un mayor aprecio de la Palabra de Dios.

Entre los trabajos del Dr. Stringfellow están *Un análisis profundo del libro de Isaías; Un análisis profundo del libro de Apocalipsis; A través de la Biblia en un año; Grandes verdades de la Biblia;* y *Grandes personajes de la Biblia.* Todos están diseñados para laicos, para ser enseñados por laicos, asistidos por bosquejos sencillos, pero eficaces.

Como veterano de los Estados Unidos de la Segunda Guerra Mundial, el Dr. Stringfellow se formó en el seminario Southwestern Baptist Theological en Fort Worth, Texas. Pastoreó las iglesias Travis Avenue Baptist en Fort Worth; First Baptist Church de West Palm Beach, Florida; First Baptist Church de Fresno, California; y First Baptist Church de Van Nuys, California.

El Dr. Stringfellow y su esposa, Bette C. Cowan (fenecida), tuvieron dos hijos, Carole y Mark. Les sobreviven un nieto y varios bisnietos.

it. I think Mum does too, because she gives some sort of stifled squeal, but instead he shakes it enthusiastically and says, "Ah! Sebastian's mother."

"Yes!" she says loudly.

"Hello." He looks directly at me. "You made it."

There is a distinct smell of antiseptic coming from the floating head. Reminds me of that pink ointment mothers put on our mosquito bites.

"Hi," I say to the antiseptic head.

His hair is neatly clipped and gelled into a perfect flip, like one of the T-Birds from that movie *Grease* where they dance on the car. His high cheekbones throw a shadow over the bottom half of his face.

"I'll take him from here, Mrs. Seaton. It's not far to the gate."

"Wonderful," Mum says. "Thank you. Just in time, hey, guys?"

Dad nods.

Lily just stares at the man.

"Right, Sebastian. Let's get your stuff." He's still smiling.

"Right."

A pang of nervous heat radiates in my stomach, making me suddenly feel dizzy. I open the car door and pull my backpack from the footwell. As I stand by the reeds and slam the door shut, the cold wind blows up inside my coat. I shudder.

ABOUT THE AUTHOR

JOSH SILVER is the author of *HappyHead*, which was short-listed for the YA Book Prize and nominated for the Carnegie Medal; its sequel, *Dead Happy*; and *Erase Me*. His experience working with teenagers as a mental health nurse inspired the critically acclaimed HappyHead duology.

@SMUDGECOTTON